妳只顧著外表
卻沒顧上用腦

迷人風度 × 絕佳品味 × 完美價值

別再等灰姑娘的玻璃鞋，只有自己才能套上那雙高跟鞋！

成功不容易
女人應該活得漂亮又滿意！

編著——
蔣甘樺，左蘭

大膽分析
兩性間不對等的關係
無疾而終的夢想和感情

逐一解密
女性在職場成功的資本
情場得意的關鍵心態

目錄

目錄

第四章 當然，還必須瀟灑走情場

第五章 嘴巴甜一點，幸福多一點

目錄

第八章　善於示弱的女人更強大

第九章　好心態成就女人美好的一生

目錄

前言

「在 BMW 中哭」還是「在腳踏車後笑」？做「賤內」還是做「白骨精」（白領、骨幹、菁英）？該如何面對突然的變故與挫折……？太多的選擇與困惑，在女人的心裡糾結。

之所以糾結，究其根本是女人自覺或不自覺地處於被動選擇之中。例如「在 BMW 中哭」還是「在腳踏車後笑」這個選擇，女人完全可以嗤之以鼻置之不理。憑什麼給我這個二選一的選項啊？誰有資格給我的人生限定選項？我可不可以在選項一和選項二上畫一個大大的「×」，寫上自己的選擇：「在 BMW 中笑」—— 當然可以！

事實上，在 BMW 中可以笑 —— 如果妳是 BMW 車的真正主人，而在腳踏車後也可能哭 —— 如果妳被那個騎車的人完全主宰。唯有做自己命運的主宰者，女人才能活得海闊天空、笑得陽光燦爛。而即使是哭，也哭得暢快淋漓、自由自在。

有人說：「男人靠征服世界征服女人，女人靠征服男人征服世界。」這句話不是絕對的。女人靠自己天生的有利因素選擇「靠征服男人征服世界」的方式，不少時候會收到「四兩撥千斤」的效果，我們不得不承認這是一條捷徑。但男人也不是那麼容易被征服的，其前提是男人願意被征服。如果

前言

　　哪天他不喜歡再玩這種「征服和被征服」的遊戲了,那麼犧牲最多、吃虧最大的一定還是女人。從古至今,不知有多少女人成為這種遊戲的犧牲品,這是已經被證明了無數次的事實。

　　曾經有一個聰明調皮的孩子,他想捉弄村裡最有智慧的白鬍子長者。孩子手心裡握著一隻活著的小鳥,故意跑去問長者:「我手中有隻小鳥,您猜是活的還是死的?」長者知道:如果自己回答是活的,小孩就會用力捏死小鳥再鬆手;如果自己回答是死的,那麼小孩就會鬆手放出活著的小鳥。長者笑了笑:「這個呀,是死是活由妳自己決定。」

　　作為女人,不要妄想成為那個能猜透他人手心祕密的人,不但累,而且沒有任何勝算。人的命運應該握在自己的手心裡。一旦被別人把握,妳怎麼選擇都可能是錯的。相對那些嫁得好的女人而言,靠自己去成功的女人更幸福,更靠得住。每個人的命運都如同握在妳手中的小鳥,握在我們自己的手心。

　　靠自己去成功,將幸福緊握在自己手掌中。本書將告訴所有的女性讀者如何不再埋怨、不再羨慕別人,明明白白過自己的一生!

編者

第一章　丟掉幻想，邁開雙腿

幾乎每一個女人，在少女時代都有過一個美麗的幻想：總會有一天，一個帥氣多金的白馬王子，飄然而來將自己「拯救」。年少時天真幼稚沒什麼，走入社會後還保持這種想法，就該檢討了。

命運從來不會青睞隨波逐流的人，幸運從來不會光顧隨遇而安的人，只有向著太陽行走的人，才可能被太陽的光芒照耀。作為女人，也要給自己樹一個遠大的理想和目標。記得常常仰望天空，記住仰望天空的時候也看看腳下。好好去愛、去生活。青春如此短暫，不要嘆老。偶爾可以停下來休息，但是別蹲下來張望。

美夢與現實

　　清晨，一個叫甜多麗的女孩擠了滿滿一罐牛奶去市集上賣。她邊走邊幻想：「這罐牛奶起碼可以賣到 300 個雞蛋的價錢，這些雞蛋起碼可以孵出 250 隻小雞，這些小雞起碼會有 200 隻長大，賣掉這些長大的雞我就可以賺好多錢了！這些錢可以買好看的裙子、帽子和絲帶，然後我就去參加舞會。」

　　想著想著，多麗不由自主地跳起歡樂的舞蹈。這時，裝滿牛奶的罐子從她的頭上掉了下來。牛奶灑了一地、一片狼藉，多麗的美夢也灑了一地、一片狼藉。

　　人生就是這樣，抬頭看天，還要低頭看路。有夢想沒錯，但要記得在現實中尋找自我。唯有腳踏實地，掙扎著退掉身上所有的青澀，在陽光下抖動輕盈美麗的翅膀，閃閃地、微微地、幸福地顫抖，然後才能擁有美麗的藍天。

灰姑娘的童話

　　在不少經典童話，都有一位灰姑娘式的女孩作為主角。總有一天，白馬王子走進灰姑娘的生命中，將灰姑娘拯救。「從此，王子與灰姑娘過著幸福快樂的生活」——這是童話的標準結語。

現實生活中，不少聽著愛情童話、神話長大的女孩，也難免下意識想：總會有一個白馬王子……。

可是，王子在哪裡呢？一直等待也不是辦法呀。花堪折時直須折，莫待無花空對月。再等下去，等到花兒也謝啦。

於是，一位勇敢、聰明——比灰姑娘還要漂亮的美國妙齡女孩，決定化被動守候為主動出擊。她在一家大型論壇的金融版上發了一個求助貼文。貼文的主題為：〈我怎樣才能嫁有錢人〉。以下是她的貼文的中文翻譯——

我下面說的都是心裡話。本人 25 歲，非常漂亮，是那種讓人驚豔的漂亮，談吐文雅、有品味，想嫁給年薪 50 萬美元的人。你也許會說我貪心，但在紐約年薪 100 萬美元才算是中產，本人的要求其實不高。這個版上有沒有年薪超過 50 萬美元的人？你們都結婚了嗎？

我想請教各位一個問題——怎樣才能嫁給你們這樣的有錢人？我約會過的人中，最有錢的年薪 25 萬美元，這似乎是我的上限。要住進紐約中心公園以西的高級住宅區，年薪 25 萬美元遠遠不夠。我是誠心誠意來請教的。

有幾個具體問題：

· 有錢的單身漢一般都在哪裡消磨時間？（請列出酒吧、飯店、健身房的名字和詳細地址）

· 我應該把目標定在哪個年齡層？

· 為什麼有些富豪的妻子看起來相貌平平？我見過有些女孩，長相如同白開水，毫無吸引人的地方，但她們卻能嫁入豪門。而單身酒吧裡那些迷死人的美女卻運氣不佳。

· 你們怎麼決定誰能做妻子，誰只能做女朋友？（我現在的目標是結婚）

署名是波爾斯女士。下面是一個華爾街金融家的回覆貼文。

親愛的波爾斯：

我懷著極大的興趣看完了貴文，相信不少女士也有跟妳類似的疑問。讓我以一個投資專家的身分，對妳的處境做一分析。我年薪超過 50 萬美元，符合妳的擇偶標準，所以請相信我並不是在浪費大家的時間。

從生意人的角度來看，跟妳結婚是個糟糕的經營決策，道理再明白不過，請聽我解釋。拋開細枝末節，我所說的其實是一筆簡單的「財」、「貌」交易：一方提供迷人的外表，一方出錢，公平交易，童叟無欺。

但是，這裡有個致命的問題，妳的美貌會消逝，但我的錢卻不會無緣無故減少。事實上，我的收入很可能會逐年遞增，而妳不可能一年比一年漂亮。

因此，從經濟學的角度講，我是增值資產，妳是貶值資產，不但貶值，而且是加速貶值！妳現在 25 歲，在未來的 5 年裡，妳仍可以保持窈窕的身段，俏麗的容貌，雖然每年略有退步。但美貌消逝的速度會越來

越快，如果它是妳僅有的資產，10 年以後妳的價值堪憂。

用華爾街的術語來說，每一筆交易都有一個倉位，跟妳交往屬於「交易倉位」(trading position)，一旦價值下跌就要立即拋售，而不宜長期持有 —— 也就是妳想要的婚姻。聽起來很殘忍，但對一件會加速貶值的物資，明智的選擇是租賃，而不是購入。年薪能超過 50 萬美元的人，當然都不是傻瓜，因此我們只會跟妳交往，但不會跟妳結婚。所以，我勸妳不要苦苦尋找嫁給有錢人的祕方。順便說一句，妳倒可以想辦法把自己變成年薪 50 萬美元的人，這比碰到一個有錢的傻瓜勝算要大。

希望我的回覆能對妳有幫助。如果妳對「租賃」感興趣，請跟我聯繫。

這則不足千字的回文，如一盆冷水潑在波爾斯發熱的大腦上，但願包括她在內的所有讀者都能有所收穫。青春、美貌，這無疑是女人一項令人羨慕甚至垂涎的資本，遺憾的是這項資本是「貶值資產」。有句話大概意思是這樣的：女孩子一生中，總會有那麼幾年，妳想要什麼，男人就會給妳什麼。甚至妳不曾想到的，他也體貼地幫妳早早都安排好了。可是，過了這幾年，誰還理妳？

妳的年華一天天老去，但滿大街都是年輕女孩，她們有著無敵的青春。已經沒有年輕和美貌的妳，拿什麼和她們爭？陳明真有首歌叫〈變心的翅膀〉，這年頭，變心的翅膀滿

天飛，妳能指望男人永遠滿心歡喜地為妳買單嗎？

女人最想要的是什麼

　　年輕的亞瑟國王被鄰國的伏兵抓獲。鄰國的君主沒有殺他，而是要他回答一個非常難的問題。這個問題是：女人真正想要什麼？

　　能回答這個問題的只有一個老女巫。女巫答應幫助亞瑟，但有一個條件，和他最好的朋友加溫結婚。亞瑟王非常驚駭 —— 女巫駝背，醜陋不堪，只有一顆牙齒，身上發出臭水溝般難聞的氣味，而且經常發出刺耳的聲音 —— 他從沒有見過如此可怕的怪物。加溫知道這個消息後，對亞瑟說：「我答應和女巫結婚，沒有比拯救您的生命更重要的事了。」於是加溫和女巫要結婚的消息宣布了。女巫回答了亞瑟的問題：女人真正想要的是主宰自己的命運。每個人都明白了，女巫說出了一個偉大的真理。亞瑟的生命被解救了。

　　來看看加溫和女巫的婚禮吧，這是怎樣的婚禮呀！加溫一如既往地謙和，而女巫卻在慶典上表現了最壞的行為：她用手抓東西吃、打嗝、放屁，讓所有的人感到噁心，不舒服。

　　新婚的夜晚來臨了，加溫依然堅強地面對可怕的夜晚，走進新房。怎樣的景象在等待著他呢？一個他從來沒見過的美麗少女半躺在婚床上！加溫驚訝極了，問她到底是怎麼回

事。美女回答說：「因為當她是個醜陋的女巫時加溫對她非常好，所以她在一整天的時間裡，有一半時間是醜陋的，另一半時間則是美麗的。」

她問加溫，究竟想要她白天或夜晚各展現哪一面。

加溫開始思考他的困境：是選擇白天向朋友們展現一個美麗的女人，而在夜晚面對一個又老又醜如幽靈般的女巫，還是選擇白天擁有一個醜陋的女巫，而在晚上與一個美麗的女人共同度過每一個親密的時刻？

如果你是加溫，會怎麼選擇呢？

有人選擇白天是女巫，夜晚是美女，理由是妻子是自己的，不必愛慕虛榮，苦樂自知就可以了；有人選擇白天是美女，因為可以得到別人羨慕的目光，至於晚上，可以在外作樂，回到家裡，屋子漆黑，妻子美醜都無所謂了。

加溫最後沒有做任何選擇，只是對他的妻子說：既然女人最想要的是主宰自己的命運，那麼就由妳自己決定吧！

於是，女巫選擇白天夜晚都做美麗的女人。

有句廣告詞說得很經典：「女人的事情女人辦！」每個女人都有選擇自己命運的權利，每個女人都不希望自己的命運被別人主宰。即使是錯了、痛了、累了，也絕不後悔。「生命不在於長短，而在於是否痛快地活過。」

選擇了自己所選擇的，堅持了自己所堅持的，即使是錯了，生命也不會有遺憾。

靳羽西是一個很成功的「名女人」，談到女人的魅力，靳羽西認為，除了健康和美麗，女人最重要的是經濟獨立。

靳羽西被《紐約時報》評選為美國最受歡迎的 50 個「黃金女單身漢」之一。靳羽西認為女人最重要的是經濟獨立。她說：「我現在最大的自由是我可以從自己的口袋裡掏錢買書、買我喜歡的衣服，這是女人最大的自由。現在許多年輕的女孩子需要什麼東西的時候，就對她的男朋友或愛人說我喜歡這個我喜歡那個，她們不是自由的。我以前曾經嫁給一個很有錢的男人，可是他沒有給過我一毛錢。」

記得電影《亂世佳人》嗎？為什麼女主角的形象那麼深入人心？僅僅是因為她漂亮嗎？「明天又是新的一天」，倔強獨立的郝思嘉成為美國精神的象徵。面對被戰火燒毀的家園，她堅強不屈；面對愛人的離去，她努力振作，她像大地一樣承受一切卻仍然充滿活力……。還記得郝思嘉站在大樹下期盼明天的那個畫面嗎？配合雄壯的主題音樂，費雯‧麗（Vivien Leigh）的表演將這個無比獨立的女性演繹得淋漓盡致。與此同時，人們記住了這個不一樣的女子。

將命運緊握在掌心

　　有的人認為：女人的好命就是嫁給一個成功的男人。好吧，我們暫時認可這句話。可是，已經成功的男人也不是那麼好嫁的，他的身邊美女如雲、繁花似錦，出色的妳不過是花叢中的一朵而已。如果妳資質平平，那麼頂多只是襯托紅花的綠葉而已。如此，憑什麼讓那個成功男將「繡球」拋給妳？即使是拋給妳，妳接得住嗎？

　　又有人說了，找不到黃金單身漢，難道我還找不到一支潛力股？如那隋末美人紅拂女，一眼相中落魄壯士李靖，演繹了一齣千百年來膾炙人口的「紅拂夜奔」故事。地位低微的紅拂女從芸芸眾生中發現了同樣卑微的李靖，並與之結為連理。李靖後來幫助李淵父子打天下，後被封為衛國公，紅拂女自然也是妻隨夫貴。紅拂女作為封建桎梏中的一介弱女子，用自己過人的眼光與魄力，為自己爭得了一個海闊天空的未來。只是，這個故事發生在 1,400 多年前，之所以流傳至今，從側面說明了這樣的事情如鳳毛麟角，物以稀為貴。可見，要找準那支潛力股也是有難度的。弄不好，黑馬便變成了豺狼，餡餅成了陷阱。

　　即便是找到了一個完全可以託付一生的「德財」兼備的，能夠抵禦外來誘惑，也能夠經得起各種考驗，並且願意為妳付出一切、承擔一切，與之共度一生的好男人，然而，

我們生活在這個世界上，每天都要發生那麼多的意外和不幸，如破產、重傷、大病，甚至去世，一瞬間，那個能夠依靠的溫暖胸膛，能為自己撐起一片晴空的人永遠在這個世界上消失了，又該怎麼辦？

日本著名影星山口百惠因主演《血疑》（又名《赤的疑惑》）等電視劇而為觀眾所熟悉。她在事業蒸蒸日上的時候與搭檔三浦友和結婚，回歸家庭、相夫教子。這位 13 歲便在歌壇嶄露頭角、15 歲風靡日本、21 歲退出影壇的少女，回歸家庭後生活並不幸福。丈夫三浦友和因經商破產，賠上了當明星時的全部積蓄，致使家庭經濟陷入困境。萬般無奈的她打算復出，可是演藝圈已新人輩出，支持她的影迷也都從風華正茂的青年變成負擔家庭重擔的中年人，再也沒有多少人買她的帳了。同時，她自己的表演風格已經不能適應新一代觀眾的欣賞品味。這些注定了她這張舊船票已無法再登上明星的客船。

想起一則短小精悍的小故事：有一位年輕人抓到一隻鳥，他把這隻鳥抓在手中，帶著這隻鳥去山中求見一位年老的智者。人人都說這位智者非常聰明，沒有什麼難題能問倒他，如果誰能問倒他，誰就會是全村最聰明的人。年輕人打算把這隻鳥放在背後，然後他問智者，鳥是活的還是死的。如果這位智者說是活的，這個年輕人就會把鳥掐死；如果這位

智者說是死的，年輕人就會把這隻鳥放掉，年輕人認為這樣做完全可以證明他比智者更聰明。當他到了山上見到這位年老的智者後，年輕人將鳥藏在背後的手掌中，問這位智者：「您猜一猜我手中的鳥是活的還是死的？」這位年老智者回答道：「這個呀，是死是活由妳自己決定。」

　　女人，妳的幸福就如同那隻小鳥，只有切切實實緊握在自己的掌心才靠得住。

　　張曼玉被譽為亞洲最有魅力的女人。她曾在接受某媒體採訪時說：「我從 18 歲開始就自己賺錢了，我從來不需要用男人的錢，我都是花自己的錢。因為覺得賺錢那麼辛苦，就不想浪費自己的辛苦錢。如果因為要賺錢而去工作，這樣會很不開心。」這個魅力四射的女人，一直揚言自己從 18 歲起便開始自力更生，從不花男人一分錢。

　　難怪張曼玉活得那麼活色生香、自由自在。這樣的女人，不花男人的錢，在經濟上獨立。而經濟上的獨立可以保證自己精神上與人格上的獨立，不用看別人臉色，不用依靠任何人。

　　說來說去，女人到底要靠什麼？靠天靠地靠老公？終究不如靠自己。只有有「實力」的女人，才會把自己的幸福緊緊抓在手心。

活出自己的精彩

在這個複雜多變的社會，女人到底應該站在一個什麼樣的位置？一百個人，恐怕會有一百種說法。其實，最重要的是女人自己的感覺。有的願意為家人付出一切，既要事業，更要家庭。家人的歡笑、舒心和事業上的進步，就是她最大的幸福。

多少年來，有一句話一直在無形地約束著女人：「一個成功的男人背後，必有一位偉大的女性支持。」正是基於這樣的想法，許許多多的女人選擇自我犧牲、選擇靠男人來實現其自身價值、靠丈夫的光輝來照亮自己。然而，這種自我犧牲換來的又是什麼？失去了自我的女人，真能靠著丈夫實現自己的價值嗎？

因此，生活中總有一些女人在口口聲聲說自己的不幸，與此同時，只是在原地等待奇蹟的出現，而不是努力去爭取屬於自己的新生。女人無論做了妻子也好，做了母親也罷，都必須活出自己的價值。女人也可以和男人一樣承擔起一半的世界。

女人，應該活出自己的價值！

絕代才女李清照，在「女子無才便是德」的時代，憑著她傲人的才氣和憂國憂民的情懷，成為宋詞「婉約派」一代詞宗，名垂千古。瑪里‧居禮（Maria Sktodowska-

Curie），原子能時代的開創者之一，是世界上第一個獲得
兩次諾貝爾獎得主。她一生清貧，淡泊名利，辛勞致力於放
射性元素鐳的發現和研究。身為一位偉大的女性，她贏得了
世界人民的支持和敬仰。鑑湖女俠秋瑾，為謀「光復漢族，
大振國權」，事洩被捕，從容殉難。為了理想，秋瑾選擇的是
一條不歸路，但她卻為女性贏得了尊重，書寫了生命中最精
彩的篇章。

　　美國國務卿萊斯就是這樣一位完全能夠掌握自己命運的
奇女子。萊斯全名為康朵麗莎‧萊斯（Condoleezza Rice），
1954 年 11 月 14 日出生在種族隔離制盛行的阿拉巴馬州伯
明罕，小名康迪（Condi）。和那裡很多黑人兒童的悲慘命運
不同，萊斯從小就受到良好的教育，在家人的保護下順利長
大，並憑藉個人的努力獲得了成功。萊斯家相信一條嚴峻的
真理：黑人的孩子只有做得比白人孩子優秀兩倍，他們才能
平等；優秀三倍，才能超過對方。父母告訴萊斯，在伯明罕
以外有更多的機會，如果她勤奮學習，力爭上游，就會得到
回報。「妳可能在餐廳裡買不到一個漢堡，但也有可能當上
總統。」

　　19 歲那年，萊斯大學畢業，26 歲獲博士學位，精通四國
語言的她隨後成為史丹佛大學的助教，專攻蘇聯軍事事務。
1981 年，年僅 26 歲的萊斯成為史丹佛大學的講師。1989 年

1月，剛滿34歲的萊斯出任喬治‧布希（George Walker Bush）總統的國家安全事務特別助理，開始了從政生涯。

作為布希政府中的俄羅斯問題專家，萊斯是有史以來美國政府中職位最高的黑人婦女。4年期滿卸任後，萊斯進入胡佛研究院任高級研究員。1993年，萊斯出任史丹佛大學教務長，她是該校歷史上最年輕的教務長，也是該校第一位黑人教務長。

在2000年美國大選時，萊斯作為共和黨總統候選人喬治‧沃克‧布希的首席對外政策顧問，為布希出謀劃策。布希當選總統後任命萊斯為總統國家安全事務助理。她一直是布希總統的得力助手。2005年1月出任國務卿，她是繼柯林頓（William Jefferson Clinton）政府的馬德琳‧歐布萊特（Madeleine Albright）之後，美國歷史上第二位女國務卿。

萊斯能講流利的俄語，是俄羅斯（蘇聯）武器控制問題專家。她博學勤奮、思路清晰，能夠在複雜的問題面前，抓住問題的核心，闡述能力極強。她還學過9年法語，並能彈一手好鋼琴，喜歡看體育比賽。至今仍然單身的萊斯並沒有因為生命中缺乏另一半而遜色，她的生命在獨立和勤奮中綻放出令人讚嘆的光彩。

她們都活出了自己的價值，同為女性，我們也能活出屬於我們自己的價值。一個女人能夠不受世俗的制約、框架、

限制，勇敢去冒險，不向命運妥協，不向命運低頭，在任性和認真之間，不管是處於邊緣還是主流位置，都能在漂泊和安定的生命中去體悟人生、了解人生、分享人生、探索人生，本身就是一種精彩，而且，是一種非常美麗的精彩。

敢做比會做更重要

在我們身邊，許多相當成功的人，並不一定是他比妳「會」做，更重要的是他比妳「敢做」。「敢做」不等於膽大妄為，更不等於違法亂來。敢做，需要冒險精神勇於去做，更需要勇敢地面對各種挫折與失敗。

黛比出生在一個有很多兄弟姐妹的大家庭。從小她就非常渴望得到父母親的讚揚和鼓勵，但是由於孩子多，她的父母根本就顧不了她。這種經歷使得她長大成人後依然缺少自信心。

後來她嫁給一個非常成功的高階管理人員，但美滿的婚姻並沒有改變她缺乏自信的心態。當她與朋友出去參加社交活動時總是顯得很笨拙，唯一使她感到自信的地方和時間是在廚房裡烤麵包的時候。她非常渴望成功，但是鼓起勇氣從家務中走出去，做出決定去承擔具有失敗風險的羞辱，對她來說是想也不敢想的事情。

隨著時間的推移，她終於認知到，自己應該停止成功的

夢想，或是鼓起勇氣去冒一次險。黛比這樣講述自己的經歷：

　　我決定進入烹飪行業。我對我的媽媽爸爸以及我的丈夫說：「我準備去開一家食品店，因為你們總是告訴我說我的烹飪手藝有多麼了不起。」

　　「喔，黛比，這是一個多麼荒唐的主意，妳肯定會失敗的，這件事太難了，別胡思亂想了。」你知道，他們一直這樣勸阻我，說實話，我幾乎相信他們說的。

　　但是更重要的是我不願意再倒退回去，再像以往那樣猶猶豫豫地說：「如果真的出現……。」

　　她下決心要開一家食品店，即使她丈夫始終反對，但最後還是給了她開食品店的資金。食品店開張的那一天，竟然沒有一個顧客光臨。黛比幾乎被冷酷的現實擊垮了。她冒了一次險，並且使自己身陷其中，看起來她是必敗無疑了，她甚至相信她的丈夫是對的，冒這麼大的險是一個錯誤。但是人就是這樣，在冒了第一個很大的險以後，再去面對風險就容易得多。黛比決定繼續走下去。

　　一反平時膽怯羞澀的窘態，黛比端著一盤剛烘焙好的熱烘烘的食品站在她居住的街區，請每一個經過的路人品嘗。

　　有件事使她越來越自信：所有嘗過她食品的人都認為味道非常好，人們開始接受她的食品。今天，「黛比‧菲爾茲」（Debbi Fields）的名字在美國數以百計的食品商店的貨架上出現。她的公司「菲爾茲太太原味食品公司」是食品行業最

成功的連鎖企業。

　　其實我們沒有成功，就是因為我們一直停留在「敢想」的狀態中，而一直都沒有跟黛比一樣選擇去做。「敢做」比「敢想」、「會做」更重要。只要我們去做了，去冒險做了一次，以後就會更有勇氣去做，這樣我們就能做到「會做」，最後便能成功。

有事業的女性最美麗

　　波娃在《第二性》中談到，女性經濟地位的不獨立導致人格的依附，宣導女性走入職場獲得經濟獨立。這麼多年後的今天，許多女性已經走進職場了，她們獨立、自信又美麗，她們用自己纖巧的雙手打開了一扇人生之門。

　　有些女人結了婚，但還有工作。為了處理好這一矛盾，大部分女性還是盡最大努力做到事業和家庭兩者兼顧，但還是有不少女性在這種壓力之下為了家庭而放棄自己的事業，不少女性為了追求事業只好犧牲家庭。據調查，在面對事業與家庭發生衝突該如何選擇這一難題時，大多數女性選擇了家庭，甚至在高學歷女性中，也有近一半的人選擇為了家庭而犧牲自己的事業。其實，這些女性的心理壓力是小了，但她們的精神壓力會增大，她們沒有交際圈，時間久了，她們的性格就會變得很暴躁。

阿芳是一位「官夫人」，原在一家公司做職員，薪水也不錯，但結婚後，丈夫不讓她出去工作，她便辭職了。幾年來，她一直待在家裡，家庭成了她全部的世界。辭職，不僅會帶來物質生活的困難，還會帶來更大的精神壓力，她失去原本的自信風采，對生活也沒有熱情了。

　　從阿芳這一事例可以看出，女性在社會中的朋友網路，多由職場關係構成。一旦她失去了職業，那就意味著在很大程度上切斷了與朋友的聯繫，這樣往往會導致自我封閉，精神上陷入窘態乃至崩潰。從這個意義上說，女人是不能沒有工作的，工作讓女人充滿活力，充滿奇思妙想。

　　女人工作並不是為了養家活口，養家的一大半責任還是在男人身上。但是，女人卻不可以不工作，因為工作可以帶給女人一個正常的人際交流環境，能讓女人不至於失去自我。金錢不是女人工作的主要目的，但是有了一份工作後，她會變得有自信、有魅力，同時生活也會更充實。

　　如果丈夫每天在外面工作，女人守在家裡，女人會因為沒有出去交流，思想跟社會脫節，那麼夫妻間可能會失去共同話題！

　　女人有一份工作做，可填補生活的空白，免得無事生非！

　　傾聽身邊女人的閒聊，職業女性聊得最多的話題，除了工作外，是健康、美容、購物，生活是多采多姿的；而家庭

女性的話題則全都圍繞老公、孩子……以及過分地擔心老公是不是有外遇。於是，可想而知，女人在沒有自己的事業時，心裡並不踏實，也就產生了亂七八糟的想法。

聰明的女人在家庭與事業的雙重壓力下往往能做出最明智的決定，她們相信「家庭順從於事業，事業上的成就可以使家庭生活更幸福」。因此，她們反對女人為照顧家庭而犧牲自己的事業前途，她們認為女人與男人一樣是進取的、智慧的、高效的，工作中的女人永遠是美麗和幸福的。

外面的環境與事物會讓聰明的女人更聰明！走出一味地柴米油鹽醬醋茶，讓新鮮事物充實生活。遊走在職場當中才能體會到工作的艱辛和壓力，才能更理解事業中男人的煩惱，也許還能為他排憂解難，成為他的支柱，這樣他才會更加愛妳，離不開妳！

因為事業，女人變得自信；因為事業，女人才可以為自己量身定做屬於自己的那分獨特；因為事業，女人不會追著滿街的流行元素而盲目隨波逐流；因為事業，女人才不會為臉上小小的斑點而耿耿於懷，才可以在素面朝天地向世人展現自然的美麗時做到神情自若……。但這些的先決條件，就是事業，只有事業才能讓女人注意自己的外表、言行。有事業的女人是最美麗的。她們的美麗不是因為鼓起來的錢包或者名片上的文字，而是那種專注和執著。

羅斯福夫人的建議

有一個年輕的記者問美國前總統羅斯福（Franklin Delano Roosevelt）的夫人：「尊敬的夫人，妳能給那些渴望成功，特別是那些剛剛走出校門的人一些建議嗎？」

總統夫人謙虛地搖搖頭，但她又接著說：「不過，先生，妳的提問倒令我想起我年輕時的一件事。那時，我在本寧頓學院念書，想邊讀書邊找一份工作做，最好能在電訊業找份工作，這樣我還可以多修幾個學分。我父親便幫我聯繫，約好了去見他的一個朋友，也就是當時任美國無線電公司董事長的薩爾諾夫（David Sarnoff）先生。

等我見到薩爾諾夫先生時，他直截了當地問我想找什麼樣的工作，具體是哪個類型？我想：他手下公司中的任何類型我都喜歡，選哪種都無所謂。便對他說，隨便哪份工作都可以！

只見薩爾諾夫先生停下手中忙碌的工作，眼光注視著我，嚴肅地說：「年輕人，世上沒有一種工作叫『隨便』，成功道路的終點是目標！」

表現傑出的人士都是遵循著這樣一條不變的途徑以達到成功的，世界聞名的潛能激發大師 —— 美國的安東尼‧羅賓先生（Tony Robbins）稱這條途徑為「必定成功公式」。這條公式的第一步是要知道你所追求的，也就是要有明確的目

標。第二步就是要知道該怎麼去做，否則你只是在做夢。應該立即採取的措施，就是尋找出最有可能實現目標的做法。

如果你仔細留意每一位成功者的做法，就會發現他們大都是遵循這些步驟去做的。一開始先制定目標，否則不可能一發即中；然後採取行動，因為坐著等是不行的；接著是擁有分析和判斷的能力，知道回饋資訊的性質；然後不斷地修正、調整、改變不切實際的做法，直到有效為止。

伯尼‧馬庫斯是美國紐澤西州一個貧窮的俄羅斯裔移民的兒子。

亞瑟‧布蘭克則是生長在紐約的中下層街區，在那兒，他曾與不良少年為伍。當他 15 歲時，父親去世。布蘭克說：「在我的成長過程中，我一直確信生活不是一帆風順的。」

布蘭克和馬庫斯在洛杉磯一家電腦硬體零售店工作沒多久，就被新來的老闆解僱了。第二天，一位從事商業投資的朋友建議他們自己創公司。馬庫斯說：「一旦我不再沉浸在痛苦中，我便發現這個主意並不是妄想。」

現在，馬庫斯和布蘭克經營的家庭庫房設備，其銷售額在美國迅猛發展的家用設備行業中處於領先地位。馬庫斯說：「當你絕望時，你有人生目標嗎？我問了 55 位成功的企業家，40 位都確切地回答：有！」

必須有目標，為自己的目標而努力。辛勤工作並不表示你真正投入工作了。就好比同樣是砌磚牆，有的人默默埋頭

苦幹，覺得工作很無聊，但還是認命地做下去；有的人雖然一面砌牆，一面想像這座牆砌成後的面貌，上面也許會爬滿牽牛花，孩子們也許會攀在牆頭上看風景等。他在努力砌牆的同時，實際上已經看到了自己努力的成果。

前一個砌牆人雖然賣力，其實跟牛馬差不多，在既有的工作上打轉，生活對他而言是一種磨難。後者卻能陶醉在工作中，同時他很可能一邊工作，一邊思考改善，因此技術會不斷進步，工作不僅不讓他覺得無聊，還讓他有機會成為這一行的高手。

從容布好人生的局

一般來說，下圍棋都要經歷三個階段 —— 布局、中盤、官子。在黑與白的對壘中，充滿著人生的大智慧。若把人生也比為下棋，可謂非常貼切。人生「布局」不好，進入「中盤」的「搏殺」階段就會很困難。

人生的布局在你明確人生的方向與目標後，就要立即開始著手。你應該好好思考，為了達到目標，自己的知識和能力有哪些方面需要補強？需要向外界尋求哪些幫助？這些幫助如何獲得？

一個有志當企業家的平凡青年，他在人生布局階段應該學習企業經營管理的相關知識，從書本上、從實際工作中，

從名人的訪談中⋯⋯為自己將來創業做一些個人能力的儲備。同時，他還應該留心市場的變化，保持自己對於市場的敏銳感覺。此外，還應該有意識地接近一些有投資能力的人，為自己將來創業資金的短缺預留後路。他要做的事情遠不止這些，例如努力賺錢作為將來創業的啟動資金等。總之，他要根據自己的目標，彌補自己的「弱點」。

美國著名成功學家拿破崙・希爾（Napoleon Hill）在研究全美數百個成功人士後，得出了一個結論：那些看似一夜成名的人，其實在成名之前就為成名默默地準備好了一切。拿破崙所謂的「默默準備」，就是編者所說的人生布局。人生布局的時間有時會很漫長，而且在當時看不到多少明顯的效果與成績，因此有不少人會忽略這個步驟。但一項能夠稱得上事業的成功，又豈能一蹴而就？

應該學習一些你需要的知識，使你能夠順利地實現你的計畫。例如：若你想當一位出色的醫生，你不能想當就當，至少你要進入醫學院就讀，能讀醫學院需要在求學階段學好某些理科課程，你必須依順序去完成，並使成績達到優秀。然後在醫學院內進行艱苦的學習、實習，再正式為病人服務，這期間仍需努力進修，繼續汲取專業知識，直至獲取高級醫師的資格。此後，就要把握任何一個醫治疑難病人的機會，累積經驗，盡量利用現有可獲得的知識與技術，等到知

識和經驗都非常豐富了，就可以考慮從事研究工作，或是自己掛牌行醫。

人生最怕格局小

　　臺灣政壇上有名的陳文茜女士，在接受記者的採訪時，說過一段這樣的話：「女人在這個社會並不容易獨處，妳嫁丈夫不容易獨處，妳單身也不容易獨處，所以我們看到大多數家庭主婦、職業婦女都不太快樂，很大的原因就是，其實世界上可以給一個女人的東西相當少，她就守住一塊天，守住一塊地，守住一個家，守住一個男人，守住一群小孩，到後來，她成了中年女子，她很少感到幸福，她感到的是一種被剝奪感。」

　　這段話中，最令筆者感興趣的是：「守住一塊天，守住一塊地，守住一個家，守住一個男人，守住一群小孩。到後來，她成了中年女子，她很少感到幸福……。」陳文茜女士的話本來是針對女人說的，認為許多女人限制了自己，將自己的格局變得很小，因此失去了幸福感。

　　身為女人，妳是否也限制了自己，把自己的格局變得很小，從而失去了成就感？

　　人生最怕格局小。人生是一盤大大的棋，妳卻只在一個邊角消磨時間。要是妳能怡然自得倒沒什麼，因為幸福只是

一種單獨個體的感覺，妳覺得不錯，那就不錯，旁人無法置喙。但若妳一面埋怨自己「命苦」，不甘心、不服氣，卻還在那個狹窄的邊角不思改變，那就需要好好反思了。

「在一個複雜多變、開放型的社會結構中，機會對每一個人都是平等的，只有智慧才能認識機會；只有踏踏實實、勤勤懇懇做事的人才能把握機會；只有有膽識的人才不會讓機會溜走。機會、智慧、勤奮、膽識對一個人的成功是重要的……。」

人生最怕格局小，請多給自己一點信心與耐心，做最好的自己。

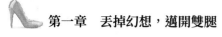 第一章　丟掉幻想，邁開雙腿

第二章　懂得選擇，捨得放棄

　　一個女人能否掌握自己的命運，有時並不在於她所處的環境，而在於她選擇的智慧。選擇不對，努力就會白費。因此，在埋頭趕路的同時，我們也應該抬頭認路，去選擇道路、尋找捷徑。妳的每一個選擇，都是在為自己種下一顆命運的種子。眾多大大小小的選擇，組成了我們的命運。每個女人，都要謹慎地對待自己的任何一個選擇。

　　我們無法選擇自己從哪裡來，卻可以選擇往何處去；我們無法丈量自己生命的長度，但可以選擇生命的厚度。選擇，是量力而為的睿智和遠見；放棄，是顧全大局的果斷和膽識。在美國歷史上享有極高聲譽的林肯（Abraham Lincoln）總統認為：所謂聰明的人，就在於他懂得如何去選擇。做出正確的選擇的確需要智慧、眼光與勇氣，人在選擇時，常常要面對很大的變數、超強的誘惑、艱巨的困難……。然而就是因為做正確選擇之難，才會有強者與庸夫。

妳就是妳的選擇

有 3 個人要被關進監獄 3 年，監獄長答應他們每人可以提一個要求。

美國人愛抽雪茄，要了 3 箱雪茄。法國人最浪漫，要一個美麗的女子相伴。而猶太人說，他要一臺與外界溝通的電話。

3 年刑滿釋放，第一個衝出來的是美國人，他的嘴裡鼻孔裡塞滿了雪茄，大喊：「給我火，給我火！」原來他忘記要火了。接著出來的是法國人，只見他手裡抱著一個小孩子，美麗女子手裡牽著一個小孩子，肚子裡還懷著第三個。最後出來的是猶太人，他緊緊握住監獄長的手說：「這 3 年來我每天與外界聯繫，我的生意不但沒有停頓，反而成長了 200%，為了表示感謝，我送你一輛勞斯萊斯！」

這三個人的選擇並沒有對錯高低之分。只是，每個人都必須為自己的選擇負責。有句話是這樣說的：女人，妳 20 歲的選擇，會寫在妳 40 歲的臉上和妳脫口而出的每一句話裡。也就是說：妳的每一個選擇，都是在為自己種下一顆命運的種子；眾多大大小小的選擇，組成了人的命運。

選擇決定妳的一生

　　如果說冥冥之中真的有掌管每一個人命運的神靈，那麼這個神靈所能主宰的只有人的出身，此外其他一切皆是由人來主宰的。人靠什麼來主宰自身的命運呢？──選擇。無數的選擇累積在一起，就構成了人的命運。

　　人的一生，是一連串選擇的過程；人的今天，是過往一連串選擇累積的結果。一個選擇對了，又一個選擇對了，不斷地做出正確的選擇，到最後便凝結成成功的結果。反之，一個或多個錯誤的選擇，到最後便匯聚成失敗的結果。當然，人在年幼時的選擇，基本上是由監護人來代替行使選擇權的。隨著年齡的增長，選擇權才逐漸轉向自己。

　　我們的人生只有三天：昨天、今天和明天。昨天的選擇，決定了我們的今天；今天的選擇，決定了我們的明天。昨天已經過去，昨天的選擇無法更改，今天的選擇卻在我們的手裡，今天我們的選擇對了，就會有好運伴隨，就會有一個美好的明天。

　　這樣看來，每個人都是自己命運的編劇、導演和主角，我們有權力把自己的人生之戲編排得波瀾壯闊、華彩四溢，也有責任把自己的人生之戲編導得扣人心弦，更有義務把自己的人生之戲演繹得與人不同、卓爾不凡。我們擁有這偉大的權力──選擇的權力。

用選擇來開始我們的每一天，這樣我們才能過個明明白白而非昏昏沉沉的一天。誠如畢・亨利（Buck Henry）所說的：「上帝並沒有問我們要不要來到人世間，我們只能接受而無從選擇。我們唯一可以做的選擇是：決定如何活著。」

每個人都擁有潛力可以追求更高的成功，都有能力在自我發展及自我成就上突飛猛進，而認知選擇並做出正確的選擇，就是這一切的起點。

不論人們明不明白，如果我們自己覺得只能庸庸碌碌、隨波逐流，這都是選擇的結果：選擇接受要來的事、選擇讓它發生、選擇為安定而犧牲理想、選擇讓別人為自己打算、選擇僅僅日復一日地活著……。

經常聽到身邊有女孩這麼說：我已經很努力地做了，但是幸運之神總是不肯眷顧我，我不得不活在平庸之中。是的，也許妳真的非常努力了。但妳也應該想一想，為什麼幸運之神總是不青睞妳？是否是妳選擇努力的方向錯了？

我們許多人都很努力，或曾經努力過，可是為什麼大多數人都只能過很平淡的生活呢？為什麼直到今天，我們很多人依然兩手空空？很簡單，一開始的選擇出現了偏差。南轅北轍的故事相信大家都知道，一開始就選擇了一個錯誤的方向，越努力則會離目標越遠 —— 除非妳能繞地球走一圈 —— 可能嗎？

選擇不對，努力就會白費。因此，女孩子們，妳們在埋頭趕路的同時，應該還要抬頭認路，去選擇道路、尋找捷徑。在美國歷史上享有極高聲譽的林肯總統認為：所謂聰明的人，就在於他懂得如何去選擇。做出正確的選擇的確需要智慧、眼光與勇氣，人在選擇時，常常要面對很大的變數、超強的誘惑、艱巨的困難……。然而就是因為做正確選擇之難，才會有強者與庸夫。

只有那些迎難而上的勇士與智者，才會從庸人當中脫穎而出。正如偉大佛陀所言：一部分人站在河那邊，大部分人站在河這邊跑上又跑下。那些在河這邊跑上又跑下的人，像動物般被環境制約而不自知。這就彷彿一個人被關在牢籠，口袋裡雖有鑰匙，卻不會用鑰匙開門，因為他們不知道口袋裡有鑰匙。其實，上天在賦予人類和動物一樣的生命和適應環境以求生存的本能之外，還多給了人類一把萬能鑰匙：運用智慧來選擇行動的自由。人為「萬物之靈」，「靈」就「靈」在人類有別於其他生命 —— 人具有自由選擇的莫大潛能。

我們無法選擇自己從哪裡來，卻可以選擇往何處去；我們無法丈量自己生命的長度，但可以選擇生命的厚度。

靠自己做出無悔選擇

面對大大小小的選擇，你最先考慮的是什麼？是自己的

未來，還是朋友的看法？

事實上，不管你做出何種選擇，可以肯定的是，如果你太在意別人的看法，那麼，不論你選擇哪一個方向，到最後總還是會有人覺得你做錯了決定。

既然如此，何不就根據自己的需求和價值觀，做個讓自己一生都無悔的決定。

如果世上真有什麼對的決定，我想，那都是相對的，也就是說，這個決定的「對」，是相對於自己的主觀和人生的需求。

某書中談到一個女才子對於人生成功的感悟歷程，如下：

曾經在微軟亞洲研究院工作的潘女士是一個典型的女才子。在清華大學電子系讀書時，她就天資過人，同時又兼具誠懇、謙遜等品德。在微軟亞洲研究院實習時，潘女士用她靈活而敏銳的思維方式以及鍥而不捨的鑽研精神贏得了許多專家的一致好評。後來，她又以優異的成績考入史丹佛大學深造，並有機會在許多國際知名的大企業中工作。

在常人眼裡，潘女士的旅途可謂一帆風順，但她自己卻不這麼認為。她常常問自己：成功究竟是什麼？難道學業和事業上的一帆風順就是最大的成功嗎？難道許多人夢寐以求的名和利就是最大的成功嗎？如果成功只有一種定義，那麼，自己多年來擁有過的許多美好的憧憬和設計又該如何實現呢？

有一天，一位學長無意間問她：「妳到底對做什麼感興趣呢？」這句話一下子點醒了她，令她在一瞬間明白了許多：成功之路有很多條，成功的定義也有很多種，只要在理想的指引下，真正做了自己想做的事情，真正實現了自己的人生價值，就是一種成功，就應該為此感到自豪和快樂。

從此，潘女士積極投入到樂觀、充實的人生中。

做自己想做的事，做最好的自己，就是人生的一種成功。這種對成功的解讀，對於站在選擇的十字路口迷惘的人來說，的確是一劑醒腦藥。

在做選擇時非常重要的一點就是不要追隨潮流，而要堅持自己內心的感覺。世界上沒有一片葉子和別的葉子相同，更沒有一個人與別人完全一樣。認真做自己，就必須找到你與他人不一樣的地方，即自己的獨特之處。而且，這種發掘還不能依靠他人，只能靠自己去尋找，因為誰也不會比你更懂得自己。

我認識一位小學老師，她大學畢業後一心想教書，但是因為不是師範體系的大學畢業生，當時並沒有找到教書的機會，於是便到日本去留學了。剛回國時，她一時還找不到教職，就到一家公司擔任日文翻譯，很得老闆信任，待遇也非常好，但是她仍然沒有放棄想要教書的念頭。後來她去參加教師資格考試，考取後立刻辭去了翻譯的工作。

教書的薪水比翻譯少很多，因此很多人都不理解她的行為。可是她很堅定地說：「我就是喜歡小孩子，也喜歡當一個老師。」

有一次我碰到她，問她近來如何。她馬上很興奮地告訴我：「今天剛上體育課。我也跟小朋友一起爬竹竿，我幾乎爬不上去，全班的小朋友一起喊：『老師加油！老師加油！』我終於爬上去了，這是我自己當學生時想做都做不到的事呢！」

這是一個多麼快樂的好老師。而如果她因為薪水或是其他因素違背了自己的願望，選擇做個翻譯或者其他「更好」的工作，那她還會不會這麼快樂呢？

先確定好尺規再決定

張郎貌若潘安，李君家財萬貫。想白天和李君生活，到了晚上夜宿張家 —— 這是絕對不可能的。貪色還是愛財，如果你自己搞不清楚自己最在乎的，那就只能永遠在選擇之前糾結，繼而在選擇之後後悔。

人們在做決定之前，心裡一定有一把尺規 —— 也就是所謂的價值觀，這把尺規用來丈量、比較和判斷哪一個選擇更符合自己的實際需求。然而，尺規有很多種，因此才造成了選擇時的糾結。

　　比方說你約朋友去外面吃飯，你選擇去湘菜館，因為你考慮到朋友是湖南人——這時，你心裡的尺規是「利他」；反過來，若你選擇的尺規是「利己」——假設你是廣東人——則一定會毫不猶豫地選擇粵菜館。同時，你還會面臨高級與低階、搭公車去還是搭計程車去等一系列的選擇。面對這些選擇，你若不拿出一個統一的尺規，則很難作出決定。

　　到了湘菜館，朋友點了幾份素食，而你點的是高熱量的蘑菇燉雞。朋友正在減肥，不想吃高熱量的食物，素食是他最佳的選擇。你卻因為整天熬夜，身體疲憊，想補充一些營養，因此對葷食情有獨鍾。在點菜的問題上，朋友心中的尺規是低熱量，而你心中的尺規是高營養。

　　人們在做一個選擇時，首先要有一個合乎我們價值觀的尺規存在。一旦這個尺規被建立，就可以很明確地去判斷我們選擇的答案是好或不好、對或不對，而價值判斷的實際過程，是將你心中的想法一一拿出來比對後選擇的答案，比如你會考慮自己的膽固醇太高，太油膩可能對健康不好；天氣太熱，湘菜大多又辣又燙，會不會吃得滿身大汗？附近有哪幾家湘菜館？距離會不會太遠？今天是週末，路上到處都是車子，到了餐廳有沒有位子……你會對應所有的需要逐一去比較、判斷。

當然，考慮因素的多寡因人而異，有些人天生就比較注重菜色及氣氛，所以拚了命也要去高級一點的餐廳，其他距離、健康、時間成本、交通等因素都不會那麼在意；有些人天生比較精打細算，一旦評估了所有的因素，可能就推翻了出去吃的決定，乾脆改成在家將就算了。

　　每個人的判斷依據（尺規）不一樣，很難說誰的決定一定是對的、十全十美的。所謂海畔有逐臭之夫，個人品味及需求不同，人與人之間很難有一個共同的尺規。正如希臘哲學家普羅達哥拉斯所說，「人是萬物的尺規」。

　　有些人常在一些決定中猶豫不定，就是因為心中同時擁有好幾把「尺規」：想吃蛋糕又怕身體太胖，不吃蛋糕又不甘心；星期六下午想去看電影，又想和朋友去爬山，也想和男朋友去跳舞，又想……類似這種矛盾，在我們的生活中常常出現。

　　事實上，不管每個人心中的尺規有幾把，每個人的價值標準差異有多大，每個人在做判斷思考時，方法和理論其實都是大同小異，只是有些人反覆在更換自己的「尺規」罷了。不管我們有多少把「尺規」，有多少選擇，最後只能有一個決定。

不要理會說風涼話的人

不要理會那些說風涼話的人 —— 這句話出自於美國花旗集團首席財務官沙莉·克勞切克（Sallie Krawcheck）之口。作為全球商界赫赫有名的女強人，沙莉·克勞切克對於成功有著獨特的感悟。

沙莉·克勞切克說自己孩童時期是「那種小孩」：滿臉雀斑、戴牙套，而且還是「四眼田雞」。她若不是少年棒球隊的最後人選，也一定是倒數第二。在沙莉的記憶中，有太多的傷心往事，例如有一次她終於打到球，興奮地奔向一壘，半途眼鏡掉了，必須跑回去撿眼鏡，否則將看不清路線。周圍的同學肆意地大笑著，沙莉終於控制不住自己而哭了起來。

試圖取得同學認可的沙莉，所有的努力似乎都沒有用。為此，沙莉的情緒極度消沉。從那次棒球事件後，她的成績從 A 退步到 C。沙莉的媽媽知道沙莉的心事後，用和大人講話的口吻對她說：不要理會那些取笑妳的女孩，她們專門說風涼話，站在旁邊批評勇於嘗試的人。沙莉相信她媽媽的話，再也不讓說風涼話的人干擾她的意志。

湯姆·克魯斯（Tom Cruise）在出演《捍衛戰士》（*Top Gun*）之前，只能在好萊塢扮演一些小角色，有時甚至連一點片酬都沒有。那些導演拒絕他的理由是：不夠英俊、皮膚太黑了、演技太幼稚等。他們用這些看似非常有說服力的理

由，斷定湯姆‧克魯斯永遠成不了明星。然而，這些話在今天都變成了笑話。

有一則寓言，說的是一群動物舉辦了一場攀爬艾菲爾鐵塔的比賽，看誰先爬上塔頂誰就獲勝。很多善於攀爬的動物參加了比賽，更多的動物圍著鐵塔看比賽，幫牠們加油。身為比賽的裁判，老鷹早早地飛上塔頂。比賽開始了，所有動物都不相信任何一個參賽者能夠到達塔頂，牠們都在議論：「這太難了！牠們肯定到不了塔頂！」聽到這些話，一隻又一隻的參賽動物開始洩氣了，除了那情緒高漲的幾隻還在往上爬。觀賽的動物繼續喊著：「這個塔太高了！沒有誰能爬上頂的！」越來越多的參賽動物退出了比賽，最後只有一隻蝸牛還在越爬越高。

最後，那隻蝸牛費了很長的時間，終於成為唯一到達塔頂的勝利者。奪冠的蝸牛下來後，得到了很多的掌聲。有一隻小猴子跑上前去，問蝸牛哪來那麼大的毅力爬完全程。誰知蝸牛一問三不答 —— 原來，這隻蝸牛是個聾子。

這個寓言要表達的意思是：不要輕易讓別人的指指點點妨礙了自己前進的腳步。美國人巴士卡力（Leo Buscaglia）小的時候，人們常常告誡他，一旦選錯行，夢想就不會成真，並告訴他，他永遠不可能上大學，勸他把眼光放在比較實際的目標上。但是，他沒有放棄自己的夢想，不但上了大

學，還拿到了博士學位。當他決定拋棄已有的一份優越的工作去環遊世界時，周圍的人都說他最終會為此後悔，並且拿不到終身教職，但是，他還是上路了。結果，回來後他不但找到了一份更好的工作，還拿到了終身教職。當他在南加州大學開辦「愛的課程」時，人們警告他，他會被當做瘋子。但是，他覺得這門課很重要，還是開了。結果，這門課改變了他的人生。他不但在大學中教「愛的課程」，還到廣播電臺和電視臺中舉辦愛的講座，受到美國大眾的歡迎，成為家喻戶曉的愛的使者。他說：「每件值得做的事都是一次冒險。怕輸就錯失冒險的意義。冒險當然會有帶來痛苦的可能，可是從來不去冒險的空虛感更痛苦。」

其實，我們誰也不知道別人的能力限度到底有多大，尤其是當他們懷有熱情和理想，並且能夠在困難和障礙面前不屈不撓時，他們的能力限度將很難預料。

「無論做任何事情，開始時，最重要的是不要讓那些總愛唱反調的人破壞了你的理想。」沙莉指出，「這世界上愛唱反調的人真的太多了，他們隨時隨地都可能列舉出千條理由，說你的理想不可能實現。你一定要堅定自己的立場，相信自己的能力，努力實現自己的理想。」

舉棋不定，人生大忌

　　向左走，向右走？十字路口莫徘徊。一頭愚蠢的驢子，在兩堆青草之間徘徊，左邊的青草鮮嫩，右邊的青草多一些，牠拿不定主意，最終在徘徊中餓死。

　　上面的寓言有些誇張。在現實生活中，讓人選擇的道路往往籠罩在一層迷霧當中：向左走可能是一條獨木橋，而獨木橋的終點可能是鮮花與掌聲；向右走可能是一條平坦之途，而旅程的終點可能是一片荒漠。太多的不確定因素，讓許多人不敢做出選擇，任由時間飛逝，最終蹉跎歲月，一事無成。

　　有位婦人，她要購買某一物品，幾乎跑遍城裡所有販賣那種物品的店鋪。她要從這個店鋪跑到那個店鋪，她要把各件貨品放在店櫃上，反覆審視，反覆比較，但仍然不能決定到底要買哪一件。連她自己也不知道，究竟哪一件物品才合她的意。假使她要買一頂帽子或一件衣服，她簡直要把店鋪中所有的帽子、衣服都試戴、試穿過，並問得銷售人員厭倦不堪，但結果還是空手回家！

　　她所需要的衣帽，要溫暖的，但同時又不可過於溫暖或過於沉重。她所需要的衣帽，是那種晴雨咸宜，冬暖夏涼，水陸皆合，電影院、做禮拜都能配穿的衣帽。就算她購買了一件，她仍然不停地想，究竟她有沒有買錯。她還是不能

決定，究竟是否應將物品退回或更換。她購買一件東西，幾乎沒有不更換兩三次或更多次的，但結果還是不能完全讓她滿意。

這種不堅定，對一個人的品格和人性是致命的弱點。具有此種弱點的人，肯定不會是有毅力的人。這種弱點，可以破壞一個人對於自己的信賴，可以破壞他的評判能力，並有害於他的精神健康。

作為一個想有一番作為的人，你對於一切事都應該胸有成竹，讓你的決斷堅定、穩固得如海底的水一樣。情感意氣的波浪不能震盪，別人的批評意見及種種外界侵襲不能打動！

敏捷、堅毅、決斷的力量是一切力量中的力量，假使你一生沒有敏捷與堅毅的決斷習慣或能力，則你的一生，將如一艘海中飄蕩的孤舟，你的生命之舟將永遠漂泊，永遠不能靠岸。你的生命之舟，將時時刻刻都處於暴風猛浪的襲擊中！

假如你有寡斷的習慣或傾向，你應該立刻奮起撲滅這個惡魔，因為它足以破壞你諸多改變命運的機會。假如事件當前，需要你的決定，則你應在今天決定，不要留待明天。你應該常常練習做敏捷而堅毅的決定，事情無論大小，不管是帽子顏色的選擇或衣服樣式的決定，你絕不應該猶豫。從

一定意義來說，即使是一次錯誤的決斷，也比沒有決斷好得多！

在你將要決定某一件事以前，你固然應該將那件事情的各方面都考慮到，在下斷語前，你固然應該運用你的全部經驗與理智做指導，但是一經決定之後，你就讓那個決定成為最後的！不應再有所反顧，不應重新考慮。

練習敏捷、堅毅的決斷，直至成為一種習慣，那你真的受惠無窮。你不但對你自己有自信，而且也能得到他人的信任。最初，你的決斷雖不乏有誤，但是你從中得到的經驗和益處，足以補償你蒙受的損失。

別讓情緒誤導決定

女人是感性的動物，也是情緒化的動物。大事小事，甚至每月的月事，都會讓女人情緒波動。女人的情緒是世間最難以捉摸的。相對於男人，女人似乎更容易鬧脾氣。有時候，本來很明媚的心情會因為一點小小的事情而突然變得莫名其妙，輕則少言寡語，重則狂風驟雨。不過大多時候女人的情緒更像風，來無影去無蹤，你這邊正詫異地思索到底是怎麼回事，她那裡卻已是談笑風生眉飛色舞，把剛才的不快都丟到它國去了。

女人在情緒的支配下做出的選擇與決定，注定是非理性

的。編者曾就「是否因為鬧脾氣而做了讓自己後悔的重大決定」這個話題，向 30 多個職業女性做了簡單的調查，結果是：得到了 85%的「Yes」回覆。

青竹的故事發生在今年夏天。她因自己千辛萬苦的方案得到老闆不公平的評價而非常氣憤，一氣之下打了辭呈，內容有不少對老闆不滿的「直言」表示。老闆幾乎沒有任何猶豫就批准了。

後悔在辭職後不到 24 小時就降臨了。青竹說：「辭職離開公司的那一刻覺得自己很爽。睡了一覺醒來，很快腦子就充滿『又要找工作了』的念頭，我開始後悔當時太衝動。」但開弓沒有回頭箭，經過一段時間的輾轉，青竹才找到一份適合自己的工作，現在她評價那次辭職是「一次賭氣多過理性的行為」、「其實我的老闆還有很多可愛的地方，自己沒有必要那麼極端，那麼快做決定」。

人的思考空間一旦被情緒占滿了，就沒有理性的空間。理性一旦缺席，哪還管什麼是好什麼是壞，什麼是對什麼是錯……誤入歧途就這樣出現了。

情緒就像風一樣地自由任性、捉摸不定，時間、地點、人物等各式各樣的因素都會擾亂情緒的穩定。在不同狀態下所做出的選擇可能會受到不同情緒的影響，而在這種情況下做出的選擇往往都是非理性的。所以我們必須利用邏輯思維的方式冷靜地判斷後果，才能做出最好的選擇。

所謂的邏輯思維是我們在判斷時所運用的一種工具，也就是做選擇時的工具。不過，這些工具及方法運用起來，可能需要花費很大的腦力，而這種耗費精力的事對某些女人而言往往是種很大的折磨。因為，多數人總是懶得動腦筋去想，越簡單越好。

　　一個用情緒來做選擇的女人，往往看不清事情的真相，不經由大腦思考，完全憑直覺反應，而且情緒漂浮不定，所以她們處理事情便沒有一個準則。如果能花點心思想一想再做選擇，對於事情的結果也就比較能掌握，也就不會事到臨頭才乾著急。

　　女人的情緒，很大程度上與她承受的壓力有關。生在塵世，注定塵緣。尤其是那些走進婚姻後持家生子的女人，每天有多少的凡塵瑣事等著她？生活要繼續、工作也要繼續，家庭要照顧、老人的健康、愛人的身體、孩子的學習都要顧及，所有的一切怎能讓女人永遠保持心平氣和？若在生活、工作、家庭中再遇到不順心的事，說不定什麼時候就會讓女人的情緒煩躁、憂鬱、失控。只是女人有了情緒最好不要悶在心裡，這樣對身心健康不利。找個知心朋友談談心，找本喜歡的書讀一讀，到大自然中放鬆一下，或者寫寫日記、聽聽音樂都不失為一種整理情緒的好辦法。

放棄是選擇的影子

沒有放棄，就無所謂選擇。大多數女人為選擇而苦惱的本質，都是源於不懂放棄、不甘放棄。當一個出國進修的機會與一份優渥的工作擺在妳面前時，與其說妳不知道如何選擇，不如說妳不知道放棄。一個人選擇得當，是因為其放棄適宜而已。

在印度熱帶叢林裡，人們用一種奇特的狩獵方式捕捉猴子：在一個固定的小木盒子裡面裝上猴子愛吃的堅果，盒上開個小口，剛好夠猴子的前爪伸進去。猴子一旦抓住堅果，爪子就抽不出來了。人們常常用這種方式抓到猴子，因為猴子有一種習性：不肯放下已經到手的東西。

我們一定會嘲笑猴子很蠢！鬆開爪子不就溜之大吉了嗎？但想想我們自己、看看一些身邊的人，也許你會發現：其實，人也會犯猴子的錯誤。

你看，因為放不下到手的名利、職務、待遇，有的人整天東奔西跑，荒廢了工作也在所不惜；因為放不下誘人的錢財，有的人成天費盡心機，利用各種機會想撈一把，結果卻是作繭自縛；因為放不下對權利的占有欲，有的人熱衷於逢迎諂媚、行賄受賄，不怕丟失人格的尊嚴，一旦事蹟敗露，後悔莫及……。

假如你的腦袋像一個塞滿食物的冰箱，你應該盤算什麼

東西該丟出去，否則，永遠不可能有新的東西放進來。不丟出去，有些東西反而還會在裡面慢慢變壞；有些東西，丟了可惜，但放一輩子，也吃不了。所謂的「人生觀」，大概就是如何為自己的「冰箱」決定內容物的去留問題吧！

　　生活中，每個女人都應該學會盤算，學會放棄。盤算之際，有掙扎有猶豫。沒有人能夠為妳決定什麼該捨，什麼該留。所謂的豁達，也不過是明白自己能正確地處理去留和取捨的問題。丟掉一個丟掉後並不會對妳產生多大影響的東西，妳會對自己說，妳可以做得比現在更好，還怕找不到更好的？

　　在工作與生活中，我們每個人時時刻刻都在取與捨中選擇，我們又總是渴望著取，渴望著占有，常常忽略了舍，忽略了占有的反面：放棄。

　　其實，懂得放棄的真意，也就理解了「失之東隅，收之桑榆」的妙諦。多一點中庸的思想，靜觀萬物，體會像宇宙一樣博大的胸襟，我們自然會懂得適時地有所放棄，這正是我們獲得內心平衡，獲得快樂的祕方。

　　在電影《臥虎藏龍》裡，李慕白對師妹曾說過這句話：「把手握緊，什麼都沒有，但把手張開就可以擁有一切。」這一取捨的道理誰都知道，可身體力行卻是困難的。

捨得的本意是珍惜

人生苦短，想要獲得越多，就得捨棄越多。那些什麼都不捨棄的人，是不可能獲得他們想要的東西的，其結果必然是對自身生命最大的捨棄，讓自己的一生永遠處於碌碌無為之中。

有位記者曾經採訪過一位事業上頗為成功的女士，請教她成功的祕訣，她的回答是：「捨得。」她用她的親身經歷對此作了最具體生動的詮釋：為了獲得事業成功，她捨棄了很多很多，優裕的都市生活、舒適的工作環境、數不清的假日……。

有時，當朋友們提議一起聚會或集體旅遊時，我們常常會聽到朋友類似的抱怨：唉，有時間時沒錢，有錢時又沒有時間。其實，人生是不存在一種最完美的狀態的，你只能在目前的情況與條件下作出你自己的決定。選擇不能拖欠，當你想等待更好的條件時，或許已經錯過了選擇的機會。

該放棄時一定要放棄，不放下你手中的東西，你又怎麼能拿起另外的東西呢？

天道酬勤，造物主不會讓一個人擁有所有的好事。魚與熊掌不可兼得，有所得必有所失。從這個意義上來說，任何獲得都是以捨棄為代價的。人生苦短，想要獲得越多，自然就必須捨棄越多。不懂得捨棄的人往往不幸。曾聽朋友提起

一個女人的故事。其人年逾不惑仍待字閨中。不是她不想結婚，也不是她條件不好，錯過幸福的原因恰恰在於她想獲得太多的幸福，或者說，她什麼也不肯捨棄：對於平凡者她不屑一顧，有才無貌者她也看不上眼，等到才貌雙全了，自己地位低微又使個人的自尊心受到極大地刺痛……有沒有她理想中的白馬王子呢？也許有，但那一定是在天上而不在人間。

每一次默默的捨棄，捨棄某個心儀已久卻無緣分的朋友、捨棄某種投入卻無收穫的事、捨棄某種心靈的期望、捨棄某種思想，都會生出一種傷感。然而這種傷感並不妨礙我們去重新開始，在新的時空內將音樂重聽一遍，將故事再說一遍！因為，這是一種自然的告別與捨棄，它富有超脫精神，因而傷感得美麗！

再說，有些東西，其實是我們想留也留不住的。比如愛情，它有時候會來得很快，有時候走得也會很快。在網路上，看到一篇發人深省的文章 —— 女人說：「很想離開他，但每次都捨不得。」

兩個人在一起的日子久了，要分手也不是一次就可以分得開的。明明下定決心跟他分手，分開以後，卻又捨不得，兩個人就復合了。復合了一段時間，還是受不了他，這一次，真的下定決心要分手了。分開之後，又捨不得。一個月

之後，兩個人又再次走在一起。

女人悲觀地說：「難道就這樣過一輩子？」

請相信，終於有一次，妳會捨得。

捨不得他，是因為捨不得過去。和他一起曾經有過很快樂的日子，雖然現在比不上以前，但是他曾經那麼好。離開之後又回去，因為捨不得從前。每一次吵架之後，都用之前那段快樂的日子來原諒他。然而，快樂的回憶也會有用完的一天。有一天，妳不得不承認那些美好的日子已經永遠過去了，不能再用來原諒他了。這個時候，妳會捨得。

有道是：「愛到盡頭，覆水難收。」當愛走遠，無論它是發生在自己或者對方身上，捨得都是唯一的出路。如果因為無法放棄曾經有過的美好，無法放下曾經擁有的執著而捨不得，除非是殫精竭慮、心灰意冷、徹底絕望，心中已經不再有燦爛的火花，甚至連那些燃燒過後的草木灰也沒有一點溫度了。這種時候，想不淡漠都難。有一天，當發現對於過去的一切妳都不再在乎，它們對妳都變得無所謂的時候，這段愛肯定也就消失了。如果妳真的珍惜那份感情，不如捨得放手。這樣還保留了那分美好的情感不至於遍體鱗傷。捨得的本意，是珍惜；放手的真義，是愛惜。愛情如此，其他又何嘗不是呢？休別魚多處，莫戀淺灘頭，去時終需去，再三留不住。如果妳真的在乎，就大方一點，捨得一點。

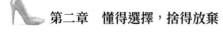 第二章　懂得選擇，捨得放棄

第三章　如木棉般美麗地獨立

人們愛說「女人如花」，是因為女人漂亮如花、芬芳如花。但是啊，這些漂亮與芬芳也短暫如花。

「花開堪折直須折，莫待無花空折枝。」杜秋娘這個美麗的江南少女的告誡，穿越千年依舊迴盪在女人的耳中。花兒們最好的歸宿，難道就是等待被折嗎？

如花般的女人等待他人來折的矛盾就在於，無人折她時「孤芳自賞最心痛」，就像梅豔芳那首〈女人花〉那麼幽怨；有人折她時，同樣「花開不多時」、「女人如花花似夢」，還是擺脫不了幽怨。花兒這種近乎悲劇的宿命正因為它是「花」，曾自鳴得意的「花」。

還是做一株木棉樹吧，開出紅碩的花朵，扎根於腳下的土地，不隨便、不依附，獨立而又自尊地生活著，承受與享受生活的各種饋贈。

女人能年輕多久？可以無憂無慮多久？身為依賴成習的女性，有時候我們該思考，如果有一天發生意外狀況，我有沒有能力自給自足？

女人一定要有錢。《聖經》裡說：不要太貧窮，否則會丟了神的臉。腦袋決定了妳的口袋，口袋裡的自由決定了妳一生的幸福，也決定了妳臉上的笑容。

不靠天不靠地

一隻小蝸牛問媽媽：為什麼我們從生下來，就要背負這個又硬又重的殼呢？

媽媽：因為我們的身體沒有骨骼的支撐，只會爬，又爬不快，所以要這個殼的保護。

小蝸牛：毛毛蟲姐姐沒有骨頭，也爬不快，為什麼她就不用背這個又硬又重的殼呢？

媽媽：因為毛毛蟲姐姐會變成蝴蝶，天空會保護她啊！

小蝸牛：可是蚯蚓弟弟也沒骨頭爬不快，也不會變成蝴蝶，為什麼他不背這個又硬又重的殼呢？

媽媽：因為蚯蚓弟弟會鑽土，大地會保護他啊！

小蝸牛哭了起來：我們好可憐，天空不保護，大地也不保護。

蝸牛媽媽安慰他：所以我們有殼啊！我們不靠天、也不靠地，我們靠自己。

對於女人來說，「老婆」的身分不是一塊靠得住的殼，只有自己的事業、工作才是真正操之在手的依靠。不獨立的女人習慣把自己當成弱者，總是希望男人照顧自己；她們以愛為職業，而且往往錯誤地把愛理解為「被愛」。由於這類女人缺乏獨立意志，男人讓她們一步步主導了自己的人生悲劇，並在獨立性喪失後，盛名、財富、愛情也隨之喪失。

認真地對待自己的工作

工作本身沒有貴賤之分，但是對待工作的態度卻有高低之別。如果一個人輕視自己的工作、看不起自己的工作，當然，他就無法靜下心來工作，他的工作就不會做好。

看一個人是否能做好事情，只要看他對待工作的態度。而一個人的工作態度，又與他本人的性格、才能有密切的關係。一個人所做的工作，是他人生態度的表現，一生的職業，就是他志向的表示、理想的所在。所以，了解一個人的工作態度，在某種程度上就是了解了那個人。

如果一個人輕視自己的工作，把它當成低賤的事情，那麼他絕不會尊敬自己。因為看不起自己的工作，所以備感工作艱辛、煩悶，當然工作也不會做好。有的人不尊重自己的工作，不把工作看成創造一番事業的必經之路和發展人格的工具，而視為衣食住行的供給者，認為工作是生活的代價，是無可奈何、不可避免的勞碌，這是多麼錯誤的觀念啊！

電影明星阿列克斯·洛依德將車開到檢修站，一個女孩接待他。她熟練靈巧的雙手和美麗的容貌一下子吸引了他。

整個巴黎都知道他，但這位女孩卻絲毫沒有表現出驚訝和興奮。

「您喜歡看電影嗎？」他忍不住問道。

「當然喜歡，我是個影迷。」她手腳敏捷，很快修好了

車：「您可以開走了，先生。」

他卻依依不捨：「小姐，您可以陪我去兜兜風嗎？」

「不！我還有工作。」

「這一樣也是您的工作，您修的車，最好親自檢查一下。」

「好吧，是您開還是我開？」

「當然我開，是我邀請您的嘛。」

車行駛得很好。女孩問道：「看來沒有什麼問題，請讓我下車好嗎？」

「怎麼了，您不想再陪我一下？我再問您一遍，您喜歡看電影嗎？」

「我回答過了，喜歡，而且是個影迷。」

「您不認識我？」

「怎麼不認識，您一來我就認出您是影帝阿列克斯・洛依德。」

「既然如此，您為何這麼冷淡？」

「不！您錯了，我沒有冷淡。只是沒有像別的女孩子那樣狂熱。您有您的成就，我有我的工作。您來修車是我的顧客，如果您不再是明星了，再來修車，我也會一樣地接待您。人與人之間不應該是這樣嗎？」

他沉默了。在這個普通女孩面前他感到自己的淺薄與虛妄。

「小姐，謝謝！您讓我想到應該認真反省一下自己的價值。好，現在讓我送您回去。」

如果說工作都不能永恆，那麼愛情只能算是曇花一現。擁有工作的女人還怕沒男人追求嗎？要知道，即使沒有工作，無聊的男人也會不請自來的。工作也許不如愛情來得讓妳心跳，但至少能保證妳有飯吃、有房子住，而不確定的愛情卻給不了妳這些。所以，認真努力地工作吧！

對工作的態度有很多種，有積極的，也有消極的。其實，不論妳對工作抱有什麼態度，妳最後也得服從工作環境，也得為了「一日三餐」去奔波。人來到這個世界就得勞務，只有透過自己的努力才能有一個好的生存環境。

不要覺得工作崗位委屈了自己，不要再找一個藉口想搪塞自己的工作。「應付」工作一定是人的思想出了問題，職業道德不健全則是品格還不夠完善。即使找了一百個理由也只能騙騙自己而已。

你可能覺得自己的工作崗位永遠不如別人，但是換一種思維方式看待這個問題，你就會得到另一種解釋。我們努力工作就是想過更舒適的生活，所以不論我們從事什麼工作、在什麼崗位，只要我們用一種平和的心態去工作、去對待生活，你就會得到快樂，只要你用心去對待你的工作，你會得到認可，不論你在什麼崗位你都要做到最好，你會感到工作

給你帶來的快樂越來越多，請大家保持一種愉悅的心情去工作吧！開心是一天，不開心也是一天，何樂而不為呢？

天生我才必有用，懶懶散散只會帶給我們巨大的不幸。有些年輕人用自己的天賦來創造美好的事物，為社會作出了貢獻；另外有些人沒有生活目標，綁手綁腳，浪費了天生的資質，到了晚年只能苟延殘喘。本來可以創造輝煌的人生，結果卻與成功失之交臂，不能說不是一個巨大的遺憾。

在工作中，如果靜下心來，認真地對待，一切麻煩都會迎刃而解，認真的力量，真的是無窮的。

僅僅為了一日三餐而工作的人是沒有責任感的人；拿公司薪水，不替公司創造價值的，則是沒有道德的人。在你馬馬虎虎「應付工作」的時候，實際上你年輕的生命正在被你白白地浪費，你人生的價值正在急遽地「縮水」。認真地對待每一份工作，是對自己生命負責的表現。一絲不苟地完成自己的工作，你也會成為一個受人尊重的人。

運用好妳的「職場資本」

在現今社會，越來越多的女性走出家庭，投入到工作的隊伍。她們和男人一樣用知識、用雙手裝點著多彩的世界。在這個日新月異的時代，職場不再只是男人的天下，女人和男人一樣擁有成功的機遇。

身為職業女性，除了與男性面對相同的職場壓力外，還會面臨更多屬於自身性別帶來的挑戰。職業女性要成為職場裡的贏家，需要的是不同於男人的成功方式。在這方面，男性的成功經驗也許不一定適合女性。因此，作為女性，必須找到適合自己的成功模式才能獲得成功。

在這個日新月異的時代，女人和男人一樣擁有成功的機遇。事實證明，女人在心理上的某些優勢可能更適合自身的發展。女人也比男人更容易在這個社會獲取成功。不過，大多數的女人都對這一點抱有懷疑的態度，只有極少數的女性堅信並發揚了自己這一資本。所以，她們獲得了成功。

身為一位渴望成功的女性，我們怎麼能允許自己對本身的能力和性別產生懷疑呢？要不斷地鍛鍊自己、錘鍊自己，相信自己是最好的！

美麗，常常可以讓女人們在工作中遊刃有餘，左右逢源。其實，女性魅力與職業能力，並不是水火不容。實際上，不少職業女性，「一半是水，一半是火」，她們既擁有溫柔、細膩和親和力的特質，做事又非常精明、果斷和幹練。她們憑女性特有的氣質、風采，在職場上「叱吒風雲」，打造成功事業，贏得了廣泛讚譽。

「男性用語言維持權威與獨立，女人用語言創造親密關係」。這句話的意思是說女性確實是天生的「銷售高手」。可

惜的是，許多女性卻不了解自己這方面的優勢，不懂得運用自己這方面的天賦，更不懂得為事業的順利和成功增加籌碼。

現代社會，越來越多的女性走出家庭，成為「職業女性」一族。女人們想要在公司裡站穩腳跟，闖出一片天地，甚至想獲得和男人一樣的成就，除了要和男人掌握一樣的技能之外，還要加強自己的女性優勢。

可是，女人的優勢有哪些呢？細緻、關懷別人、性情溫和、容易溝通，這些已經成為越來越多的現代企業對員工的要求。因此，在職場上生存，可以說女人比男人擁有更多的資本。

美麗的容貌似乎總能助職場女性一臂之力，職場美女的身邊也總是少不了獻殷勤的男同事，甚至引起上司的刮目相看。

然而，美麗的職場女性與她們的職業能力卻處在一個十分尷尬的境界。她們事業有成的時候，人們總是將成功歸功於她們的容貌，她們的工作業績在人們的眼裡因長得美麗而大打折扣，這種觀點往往成為人們的共識。

實際上，不少女性成功人士，既美麗又有職場魅力。

真的傾國傾城、豔驚四座的女人並非隨時可以遇到，所以懂得這個道理的女人當然也懂得如何改變自己、彌補自己

的先天不足，讓自己變得天生麗質。用服裝、用髮型、用化妝品……當一切能用的東西都完備了之後，哪個女人不讓男人目瞪口呆呢？漂亮不分年齡，每個階段的女性都有她美麗的地方。知道自己的漂亮、學會使用自己的漂亮，天下便無堅不摧、無往不利 —— 有誰喜歡邋遢的黃臉婆呢？

所以，我們要做「職場麗人」，以專業贏得成功和信任。

有魅力的女人比聰明的女人漂亮，比漂亮的女人聰明。擁有魅力會讓妳更受青睞。有魅力的女人，她們的言談舉止、舉手投足都會充滿凝聚力，任何場合、任何時間都會成為人們關注的焦點。練就魅力非一日之功，但只要掌握方法，魅力也是可以塑造的。

善於處理關係是女人的天生優勢。很多人也許曾看到過這樣的景象：不少即使是很能幹的男性也感到很棘手的事，派女性前去辦理，便能收到出奇滿意的效果。聰明的女人總能應付自如，輕易就打開了良好局面。

雖然說女性的口才、表達的能力，在生活中不見得會輸給男人，有的甚至比男性還優秀，可是，在商業談判上往往比訓練有素的男人差上一截。所以，為了在男性制定的遊戲規則中打開局面，妳必須發揮女性的特質，熟悉談判的技巧，這樣才能確保自己立於不敗之地。

出色的溝通能力是獲得他人認可、獲得客戶認可，盡快

融入團隊的關鍵要素。

很多女人十分注意自己的服飾與化妝，然而卻很少注意提高自己說話的水準，這不能不說是一個遺憾。其實，生活中女性的口才並不弱於男性，但為什麼在工作中，或者一些重要場合，總是男性發言的機會更多一些呢？

男性擁有更多的發言機會，固然與男性所扮演的重要角色有關，然而也與女性自身的特點有關係。例如，女性比男性更羞怯，女性更願意在幕後操勞等。但是，總有一些場合是躲不掉的。這個時候，如果能有好口才，定會讓妳在萬眾矚目中光彩奪目。

水是最柔弱的東西，但是滴水可以穿石；現代女性就像是水，可柔可剛。作為一個女性，要好好利用妳的女性「職場資本」。

對現代女性來說，職業道路成為人生的重要選擇。有這種女人，她們自立自信，優雅中帶有堅韌；她們精明豁達，幹練又不失風情萬種；她們有資本，先知先做，愛己愛人，像一群都市中的精靈。她們認為，女人可以不漂亮，但不能沒有味道；職業女性可以俐落，但不可粗糙；女人可以母性，但不能太婆婆媽媽……。總之，在職場上充分發揮女性應有的潛力，認識現代女性的複雜情結，乃是做好女性生涯規劃的第一要任務。

　　姣好的容貌，不見得能影響處事的果斷；優雅的氣質，也一樣能夠做出正確的決策。女人要發揮自身優勢，在男性占據了大半江山的職場中，「殺出一條血路」。

揚長避短才能成功

　　職場，沒有永遠的贏家，也沒有永遠的輸家。

　　女性求職就業難是不爭的事實。「男性優先」經常會出現在招聘廣告上。記者在招聘會上了解到，一些特殊崗位、對性別存在特殊要求，如創新崗位就往往更青睞男性。女性就業歧視在職場中像一道無形的牆，使部分女性失去平等就業的機會。她們在各方面並不輸給男性，但卻苦於沒有機會讓她們證明自己。很多行業中，類似的潛規則還在影響著女性就業。

　　電腦專業的畢業生小陳，大四開學一開始，就著手準備求職履歷和各種資料，同時還參加一些就業諮詢和培訓。她不無擔憂地說，理工科女大生求職要面臨更大壓力，他們班級的男生，不少已經找到工作了，而她還在職場中奔波。

　　其實，女大生就業並沒有想像中的那麼難。大致上女大生就業率與男大生相當。在一些媒體、教育等行業，女性工作人員就占了相當大的比例。據一份調查統計，小學、國中、高中女教師的比例分別占了78%、71%和67%，而且女

教師比例仍呈成長趨勢。客服、會計、公關、行政管理、文字整理、編輯及教育、保險業務、接待洽談等工作更適合女性，女性在這些崗位，更受需求單位的歡迎。

　　女生在求職中不乏優勢，求職時要發揮自身的優點，突出長處。某大學就業主任說，女大生就業優勢明顯：她們思維能力較強，形象思維能力及思考問題細緻周全，比男生優越；她們社交能力強，具有溫和、善解人意的特點；她們語言溝通能力強，運用語言詞彙的能力也強於男性；她們學習能力強。女大生在職場上要充分發揮自身的優勢，讓需求單位認可。

　　然而，不可否認的是，女生在生理方面具有一定的劣勢。從生理角度來說，女生在體力方面要遜於男生，間接影響到出差、加班等。而結婚生育及傳統的「男主外、女主內」觀念也影響著女性職業的壽命，使得女生在職場競爭中處於劣勢。此外，在大多數人心中，優柔寡斷、缺乏理性、缺乏冒險精神、邏輯分析能力差……等，也常和女性畫上等號。

　　有關專家指出，女性求職的劣勢更多是出於誤解。現實中，不少女性更能吃苦。某報社一位女記者，經常深入偏遠鄉村採訪，甚至冒著生命危險進入男記者們也不敢涉足的線，辛苦的付出使她編寫的報導獲得好評。在基礎教育戰線、醫護行業等方面都有大批女性工作者發揮巨大能力，她

們中還有許多人因工作突出受到表彰。社會不斷地發展,「男主外、女主內」的觀念也有很大改變,以前由女性做的家務事,現在不少男性也開始從事,教育子女更是夫妻雙方共同的事。

面對更大的就業壓力,女大學生求職除了要揚長,更要避短。某財經大學商學院人力資源管理系的博士說,女大學生求職要避免依賴性相對較強的弱點,避免給需求單位留下「缺乏主見」的不良印象,樹立起「以事業為重」的工作態度,讓需求單位真正認可並接受自己,同時,求職前要盡量多積累人力資本,透過積累附加人力資本彌補因生育帶來的工作中斷期的損失。

來自某理工大學 22 歲的女大生講了她的求職經歷。

「過去常聽學姐們抱怨女生找工作難,我還不以為然,認為可以憑自己的實力消除需求單位的偏見。現在才知道,女生找份工作有多難。」人力市場外,電腦系的她一臉憂愁,她幾次應徵都在最後關頭落敗,原因都一樣 —— 因為她是女生。

男生在求職方面天生有著很多優勢,比如:體力好、交友範圍廣、信用度比較高……。

很多公司或單位,員工要經常出差,派女孩子單獨出去,一來讓人不放心,二來像她這樣剛出社會的年輕女孩,

往往上班一兩年後就要結婚生小孩。現在都裁員增效，誰不想輕裝上陣啊？所以，很多公司招聘有個不成文的傳統：寧要二流男生，不要一流女生。女生在校的成績好，不等於工作能力強，女孩子一旦戀愛、結婚，事業心就會打折；而同樣情況，男生卻會更加拚命，為了照顧家庭嘛！所以長遠來看，二流男生的潛力遠大於一流女生。

人們對於女性傳統的普遍看法是：溫柔、細心、善於溝通交流，但同時也正因這些優點，讓招募者給她們貼上了優柔寡斷、不擅做大事的標籤。

其實很多企業單位只是習慣心理作祟，對性別要求並沒有明文規定。詢問對方招聘男生的理由，如果對方回答含糊，在對方遲疑之際，就可以向其要求一次實習的機會。

盡量選擇一定規模的大企業。大公司招聘時不會設置性別壁壘，有的企業為了內部性別的均衡，還會及時調整男女員工的比例。因此只要選對企業，女生求職成功的機率不一定比男生低。

初入職場時選擇容易進入的領域，並不意味著一輩子都要從事這份工作，適當降低求職的門檻是有必要的。醫生可以兼任健康雜誌的顧問；老師可以兼任翻譯，一句話，機會只留給有準備的人。

「白骨精」的加減乘除經

那些在職場幹練優雅的「白骨精」（白領、骨幹、菁英）們，到底唸的是什麼心經呢？

數學「加減乘除」存在於我們現實生活中的各個領域，職場也不例外。身為新時代的女性，要切記「加減乘除職場經」：「加」，就是要充實自己的實力資本；「減」，就是簡化自己的其他資訊；「乘」，就是放大你的特長；「除」，就是除去陋習。運用好「職場加減乘除經」，您的職業生涯必將更加順暢。

加法：能力加一點，素質加一點

某位女主持人曾說過：「在我職業生涯的前 15 年，我一直都在做加法。當了主持人，我就問導演：我可不可以自己寫臺詞？寫了臺詞，就問導演：我可不可以自己做一次編輯？做完編輯，就問主任：可不可以讓我做一次製作人？做了製作人，就想：我能不能同時負責幾個節目？負責了幾個節目後，就想能不能開個頻道？人生中一直在做加法……。」她之所以成功與她抱有這種職場「加法」是分不開的。

無論初入職場還是在職多年的人，不斷地提高、拓展自己的能力和素質，不僅是一步步登上新的臺階，也是一種積極的人生態度，而且更有利於職場中更好地發展。

而對於剛求職的年輕人來說，這樣的加法更加容易勝出。

有個同學大學剛畢業，前一個月到數家公司求職，希望能應徵到主管之類的職務，結果屢屢失敗，因為求職的人太多了，你有大學文憑，人家也有，甚至有碩士文憑。

他想先找個一般的體力活，等站穩腳步再說，但還是不行，老闆一看他是大學生，又戴著近視眼鏡，便說：「你一個大學生做得了這種苦差事？我寧願用一個沒有讀書的外地人，也不敢用你。」經一事長一智，後來他拿自己的高中文憑去應徵清潔工，面試人員看他憨厚的樣子，又看了看他的高中文憑，當下就同意錄用。他十分珍惜這個機會，工作任勞任怨、兢兢業業，打掃得乾乾淨淨、一塵不染。老闆看在眼裡，想提拔他當部門主管，但第一要件是：必須是大學生。這時候，他亮出了自己的大學文憑，遂坐上了部門主管的位子。

從最底層做起。只要你有真才實學，加上勤奮努力，就一定會脫穎而出。

減法：私心減一點

劉墉大學剛畢業時，一家電視臺請他去主持一個節目，那節目的導播看他文筆不錯，又請他做編劇。但領酬勞的時

候，導播不給他編劇費，還扣了他一半的主持費。

當時他沒吭聲照簽了。後來那導播又找他，他還「照樣」幫他做了幾次。最後一次，導播沒扣他的錢，變得對他很客氣，因為他被總經理看上成為電視記者兼新聞主播。

後來，導播每次看見他都笑得有點尷尬。他也曾想去告導播，但又想到沒有導播他能獲得機會嗎？何況導播已經知錯了。

心底無私天地寬、大度胸懷有捨有得、得饒人處且饒人。職場中人，和諧合作、和平競爭、團結友愛，在工作的同時也令人快樂著。

乘法：特長要「乘」

畢業生程梅的特長乘以方法無疑讓人讚賞。她是文書祕書類專科畢業生，只有大專文憑，而且沒有實際經驗，她求職之艱難可想而知。一次次碰壁，讓程梅有些氣餒。不過她有一個特長，就是鋼筆字寫得非常好，在全國書法大賽中還得過獎。多次求職失敗後，程梅決定利用自己的特長試一試。她將自己的作品和書法大賽的獲獎證書帶到求職現場，交給面試人員過目。求職填表時，程梅都把字寫得工工整整、漂漂亮亮。終於，她在應徵一家私人企業的祕書職位時，被一眼相中了她娟秀的鋼筆書法，於是從眾多應徵者中

錄用了她。

程梅是個聰明人。在人潮洶湧的求職大軍中，她並沒有較高的學歷，也沒有豐富的實際經驗。但她了解自己的特長，知道如何放大自己的特長，並在求職時適時展現，於是得到面試人員的認可。

除法：陋習要「除」

初入職場的女銀行職員，在顧客存錢時，因不小心在存單上多打了一個 0，雖然最後妥善解決了，但女銀行員還是被上司罵了一頓，並給了處罰警戒。

都是粗心惹的「禍」啊！

職場裡有這個有名的公式：完美度＝工作值 ÷ 粗心值。也就是說，在工作值固定的前提下，粗心值越高，完美度越低，而粗心值越低，完美度越高。

工作中細心一點，再細心一點，避免疏忽帶來的不必要麻煩和錯誤。在文祕、會計、出納等崗位的工作人員，細心、耐心有著彌足珍貴的意義和價值。

職場無數經驗教訓都證明了這個道理：陋習不改，終嘗苦果。所以，一旦發現自己的陋習，就要及時改掉，只有這樣才能在職場中品嘗到勝利的果實。

踏踏實實地做事，也會讓自己在職場上少走很多冤枉路。平時要多看、多聽、多做，在各種利益衝突中超脫一點，肯讓、能讓、善讓。有道是「量大福也大，機深禍也深」。

遭人暗算時如何應對

生活中，有許多剛走出校門踏入職場的新人，因為適應不了職場競爭的殘酷，屢遭競爭對手的「暗算」，使得他們無奈之中不得不頻頻跳槽。其實，正因為他們初入職場，缺乏相關的工作經驗和社會經驗，對一些事情的理解有所誤會，才會導致自己頻頻遭遇別人的「暗算」。

張麗大學畢業後，好不容易過關斬將應徵進到一家大公司工作，但初入職場的她新鮮感還沒過去，遭遇的煩惱卻接踵而來，毫無相關工作經驗的她，對此有點不知所措。

辦公室有個與她同時進入這家公司的女孩小齊，能言善道，人又長得漂亮，是大家公認的「交際花」。平時小齊上班的主要內容是去各科室「串門子」，與同事們聊天時還會時不時帶一些小禮物給他們。就這樣，在上司與同事們的眼中，小齊無疑有著超好的人緣，而備受大家的寵愛。平時有什麼繁重的工作，公司的上司們總是安排給那些埋頭苦幹的人，給小齊只是安排些象徵性的小差事。

而張麗，因為個性內向，不太善於與人溝通，再加上需要做的工作很多，所以她在工作中總是做得多說得少。有一次，上司安排張麗設計一個有創意的文案。她接到這個指派後，把自己關在房間裡想了整整一天，終於想出了一個非常棒的創意，並把初稿輸入電腦。當小齊不經意地問她文案設計得如何時，毫無防備的張麗一股腦地將自己的創意和盤托出。等到第二天張麗將自己設計的文案交給上司時，上司卻淡淡地說：「小齊已經將她設計的方案送來了，創意很好。她很能幹耶。年輕人，要多向小齊學習啊！」

　　幾天後，當張麗看到小齊設計的文案時，簡直嚇壞了──小齊的那個文案簡直是她設計文案的翻版。氣憤之下，張麗找小齊理論。而小齊卻笑著說：「妳能證明是我剽竊妳的文案嗎？說不定，是妳剽竊了我的呢！」幾句話，把張麗氣得啞口無言。

　　職場如戰場，往往暗箭難防，一不小心就會被別人暗算。在部門裡，我們會遇到這樣的人，你在前面做事，他在後面搞鬼，而你並沒有得罪他。不僅如此，他還會利用一切機會來排擠你、詆毀你。在這個沒有煙硝的戰場上，也許出賣你的正是你最信任的人。

　　「害人之心不可有，防人之心不可無」，這句話在職場中永遠不過時。雖然我們不提倡在職場爾虞我詐、鉤心鬥角，

但也要防範自己成為別人職場投資的犧牲品。

作為職場人一定要懂得拿捏分寸。了解哪些話可以說，哪些話不能說。有時候可能因為一句話就葬送了大好前程。就像打牌，你把自己的底牌一股腦地透露給對方，那你還有不輸的道理嗎？職場中，很多被暗算的人，錯就在於此。

經一事長一智，要在錯誤中汲取教訓，而不是背負不必要的心理包袱。如果，戒備森嚴地把自己鎖在自己的世界裡，不僅自己心累，也會置自己於孤立無援的境地。

職場的成功不僅僅是針對薪水和職位，這裡還有一種「自我價值感」，因為每個人都渴望透過自己的職場表現，來得到他人的關注和認可。

與同事，特別是同行之間交心要謹慎，否則你肯定會吃虧。因為涉及個人利益的時候，沒有哪個同事或對手會拱手相讓的，甚至有的人還會為了自己的利益不擇手段。

很多女人由於不了解職場競爭的殘酷性，把職場看得像校園生活一樣單純，面對有可能成為自己對手的人，往往也不設防，有時候甚至將自己的作品或祕密全透露給對方。人和人畢竟不一樣，人們選擇的生活方式也不一樣，那種想投機取巧的人打的就是妳對他不設防的主意，所以想要在競爭殘酷的職場中生存下來，就要有防範之心。

在職場中混跡，有人脈的支持很重要，同時大家也都在

追求自我和個性，如何調和呢？既能抒發自我的個性，又能調理好千絲萬縷的人際關係，這是個兩難的命題。「人緣是珍貴的寶物」，在辦公室人際交往中，應以誠待人，巧妙「外交」，要善於經營自己的人際關係網。

不能只鑽研業務，而忽略了人際關係，使自己在競爭中總是處於孤立無援的地位。不光要埋頭苦幹，更要抬頭看路。經常與同事溝通感情，搞好人際關係，也是你工作的一部分，只有在和諧的氛圍中工作，你才能快樂地享受工作的樂趣。這樣，在你遇到工作上的煩惱時，才會有人為你分憂，你就不會感到焦慮和孤單了。

多向老同事學習，不斷提高自己對社會關係和人際關係的認知能力，使自己能防患於未然，從而更有效地保護自己。

要在職場遊刃有餘地生存，洞察能力必不可少。不要到最後「別人把妳給賣了，妳還在替別人數錢」。所以，在與人交往時，一定要透過表象看本質。如果有人對妳異常的好，或莫名地和妳親近，妳一定要能洞察他背後的動機，這樣才不會成為職場裡的「傻大姐」。

別輕易亮出自己的底牌

一個剛從大學畢業的電腦高手來到著名的某世界五百大

企業應徵。他下定決心，跟人事部主管面談薪資待遇時，一定要獅子大開口。他給自己定的底價是月薪 4 萬元，低一點都堅決不行。人事主管坐在那裡仔細地聽他的陳述，他說完之後，主管告訴他：「最近，公司不太景氣，薪水上可能得讓你受委屈了。」

大學生心裡撲通了一下，他想說：「最低也不能低於35,000 吧？」但是話到嘴邊，他又吞了回去。

這時人事部主管接著說：「最近公司不太景氣，一個月最多只能給你 5 萬元。」

哈哈！人生啊，就是一場討價還價，跟人討價是這樣，跟命運討價也是這樣，無論對面坐著什麼人，你都要拿出超常的耐心，千萬不要太早亮出自己的底牌。無論什麼時候。

美國著名成功勵志大師特魯西曾說：「最聰明的人，總能以最好的方法做出最好的事情。」是的，為人處世總要有一定的方法。如何才能具有「用之有道，攻守兼備，靈活善變」的克敵制勝手腕，是成功者處世最需研究的。

心機其實就是聰明、智慧的原型，它是每個人行動力的基礎，也是競爭力的指標，更是做人做事是否圓滿、漂亮的倚賴。美國作家愛默生（Ralph Waldo Emerson）曾說：「成功者並非比失敗者有腦筋，只不過他們比失敗者多了一點心機。」的確，在人性的這條高速公路上，「心機」絕對是讓你避免受重傷的「安全氣囊」。其實，有心機，並不是一件不名

譽的事，重點是你如何把心機用在正確的時機。

　　太早將自己的底牌亮出去，或在不足以制勝的情況下出手，往往會在較量中失敗，羽翼未豐滿時，不可四處張揚。

　　曹操處於漢末天下大亂、群雄四起、「家家欲為帝王，人人欲為公侯」的時代。當曹操清除了來自各方面的阻礙，已完全具備取代漢室登基的條件，照理說應該是篡漢室的時候了。可是曹操直到臨終之際，都沒有戴上皇冠，是忠臣情結嗎？很顯然不是，因為形勢使然，這展現了曹操的過人之處。曹操集權卻又不當皇帝，反映了他的清醒、明智與沉穩。

　　他不斷強調，自己一來世受漢恩，已超過三世；二來漢無負於己，所以自己對於漢室的忠心是毋庸置疑的。針對政敵對他的攻擊，斬釘截鐵地表示：他不能放棄兵權回到他的封地五平侯國去。這既是出自對自身及子孫的考慮，更是出自對國家的考慮。但封地他可以退讓，所封的四縣交出了三縣，實戶三萬減去了兩萬，以減少別人對他的誹謗。

　　曹操終成一代梟雄。

　　在激烈的競爭中，要學會避其鋒芒。在羽翼未豐的情況下先不要鳴叫，否則，別的大鳥來「奪食」，你就可能會被活活餓死。

　　舉凡有心機者，不僅不會大造聲勢、不會把精力和時間

用在外表門面和實體設備上，而是集中全力先強化內在資源。在此基礎上，如果再隱蔽地開啟管道，你必會「一鳴驚人」！不論是莊子還是老子，都勸人要以謙抑為上，不可自作聰明地展示、誇耀自己的才能和實力。只有這樣，才能不被人妒忌，才能真正達到自己的目的。當自己的力量還未達到那一層，就不要去逞強，更不能總是躍躍欲試地想去超越別人。應該努力地去增強、壯大自己。技術高超的老鷹，總是把利爪隱藏在羽毛裡，待接近目標時，才突然迅猛地將利爪伸出來。在與人交往中，不要總是故意顯露你的才能和戰勝別人的欲望，當別人覺得你是個欲望很強的人，就會降低與你來往的熱情。因此，一方面要控制欲望，另一方面則不要總是暴露欲望。

不經一事，不長一智。職場中少亮底牌，可以給自己一些保護。其實不論什麼事都是如此。不論做什麼，我們都要見機行事，盲目亮出底牌，吃虧的只是自己。

面對職場「倦怠症」

工作不止，挑戰就會不斷，但隨之而來的是壓力的不斷增大，「工作低潮」或「工作倦怠」就像一個個高低起伏的音符，總是潛藏在工作情緒之中，伺機而動，只不過它彈奏出的不是美麗的旋律，而是一張張困惑迷茫的面容。

隨著就業競爭的日趨激烈和職場人自身健康的退化，女性到了 30 歲，職場人已經邁入了職場「更年期」，潛意識裡這些 30 歲的「職場老人」存在著巨大的生存壓力。

職場上沒有永遠的仇人，只有永遠的榜樣。所以 30 歲的「職場老人」應該主動與新人溝通磨合，這不僅能給對方留下平易近人、好相處的良好印象，而且實際上自己也能很快地融入他們的精神團隊，清醒地意識到自己的缺陷，學習自己所欠缺的東西。

作為職場新人的年輕一代，與生俱來的種種特性使他們時刻走在社會潮流的前端，如果這些「職場老人」不主動與他們接洽交流，就等於把自己推進了落伍的漩渦。

保持最佳的工作熱情和精力，因為女人一旦步人 30 歲，工作熱情會有所消退，而且更重要的是身體健康狀況也會明顯下降，工作常常感到力不從心。

想要在工作中表現得更好，就必須擁有一個健康的體魄。所以 30 歲的「職場老人」想要保持最佳的工作熱情和精力，就必須非常注意自己的身體健康，保存與年輕人抗衡的本錢。

也切記，得除去倚老賣老的心態。很多 30 歲的職場人都算得上公司的元老級人物了，所以自然而然有一種強烈的優越感，認為自己對公司的影響至關重要，理應得到公司的

優待和尊重，那些剛來公司的同事應該對自己禮讓三分。這是一種非常典型的「倚老賣老」的心態，在職場中，這其實是行不通的。你如果每天都抱著「我是元老我怕誰」的思想來與同事相處，時間久了難免會惹人生厭。這對於「職場老人」來說是十分不利的，要徹底去除這種心態。

而有的人，壓迫感越來越強，卻覺得前途迷茫，沒有自己的核心價值、沒有技術、沒有任何自己的事業。對目前的職業倦怠了，但是否要轉行還舉棋不定。

小杜，某名門大學畢業後在一家高科技公司擔任行銷經理已經有 3 年的時間了。剛開始進入公司的時候，公司業績並不好，小杜是臨危受命，憑著年輕人特有的工作熱情和不怕困難的精神，小杜接受了挑戰。在她的努力下，公司的銷售業績連連上升，但此時的小杜似乎並沒有成功的喜悅，陷入了苦惱之中。她經歷 3 年的工作之後，覺得自己並不適合銷售工作，生意場上的「爾虞我詐」使她不堪重負，每天一次次、一遍遍重複著工作，並承受著越來越沉重的競爭壓力，對工作的乏味感和疲倦感越來越重，對工作毫無熱情可言，她不知自己的路該往哪裡走？

小杜對自己一直從事的工作產生了牴觸的情緒，面臨著職業生涯中的「疲勞倦怠期」。每位職場人士都想在工作中成就一番事業，展現自身價值，但慢慢地，最初的一些理想抱

負隨著日益繁重瑣碎重複的工作而消失殆盡。

其實針對這種問題，首先應調整好自己的職業心態。其實，工作過程中是酸甜苦辣鹹五味俱全的，只不過每個人的心態不同，所嘗出的滋味自然也會不同；然後對自己做個清晰的職業規劃，結合專家的建議，重新燃起自己的工作熱情。

轉行困惑多發生在已積累了一定專業資質，但原崗位升遷空間不大，或與公司文化不匹配的「瓶頸」狀態下的職場人身上。可以根據自己的詳細情況，判斷自己的職業興趣，嘗試轉換業務平臺，選擇在專業上能夠獨當一面的職務，或跳槽到更適合的企業，也可以選擇進修英語或其他能為專業能力加分的「遞進式」培訓。

在工作中有一定的起伏是普遍存在的現象，遇到問題時要先了解自己的需求和願望，從而使自己更清楚地了解自身職業發展的需要，使自己不斷獲得高效率的工作動力；要主動把握個人潛力，更加積極地投入到自己的工作中，增加自身職業生涯的成就感。如果感到不想繼續從事下去、對要走的路充滿迷茫，那就需要重新評估現有的工作條件是否適合發展。

不同年齡階段面臨的職業生涯發展有巨大差別。人的職業選擇和發展貫穿一生，應結合不同的職業發展階段進行不同規定。

選擇職業時，首先要清楚了解自己的態度、能力、興趣、智謀、局限等特徵；其次要清楚了解職業選擇成功的條件：所需知識、在不同職業工作崗位上所占的優勢、不利和補償、機會和前途等；最後是找到上述兩個條件的平衡點。

愛工作，莫愛上司

很多職業女性、高級白領隨著工作經驗的豐富、職位的上升，薪水越換越高，已經成為公司的中堅力量。她們的外貌、氣質很好，工作、生活的能力也很強，可至今仍是單身。事實上並不是她們有什麼問題，而是不知道從什麼時候開始，許多白領達成的共識就是：不要和工作夥伴、生意夥伴談情說愛。這其中似乎也有一定道理。

年輕的 MM 愛上有家室的男上司，聽起來像愛情小說或是某個電視劇裡的場景，不足為奇。然而奇怪的是，現在 MM 愛上有家室的男上司，這個現象很常見。上司工作能力強、業務也強，任何一個人和年輕有為的上司在一起久了難免會對其有想法，但是多數人僅僅是崇拜而非愛慕，有些人真正和上司在一起了才發現自己對他的感情根本不是愛。妳會不會是沒有分清楚自己對他是怎樣的一種感情呢？一般來說，局外人可能看得更清楚些，這叫「旁觀者清」。而局內人，尤其是女性，並不完全知曉，只有在吃虧了或上當了之

後才會幡然醒悟。

　　分析起來，MM 愛上男上司，通常會有以下幾種結果：其一，MM 對男上司的好感最初有可能是一種崇拜，是所謂的粉絲，多半是單戀，而一旦 MM 生活閱歷逐漸豐富之後，也就不會再依賴男上司而與他分道揚鑣了；其二，少數男上司擅長以錢或權作誘餌，使年輕的 MM 上當受騙，最後成為他們的性伴侶，也就是被社會上唾棄的「二奶」、「情婦」或「小三」；其三，MM 與男上司的曖昧關係，與其說是一種相互利用的遊戲，倒不如說是「美人計」，男歡女愛、各得其所；其四，也是最壞的結果，他們通常會把工作和家庭搞得一團亂；其五，也是最理想的結果，正如電視劇裡的情節：上司的妻子與 MM 面對面地對話交流，最後妻子以理性和智慧捍衛了自己的愛情和幸福家庭，而 MM 也很理智地全身而退，為自己大膽的愛情付出了代價，也認識了自我，同時也獲得了周遭人的認可，兩位女性頭腦清醒，可謂是雙贏。

　　年輕的 MM，剛踏入公司不久，便萌發愛慕之情，不管三七二十一就愛上了有家室的上司，這該怎麼辦呢？應該跳入冰箱中，冷靜地想一想，自己做「第三者」對不對？上司對自己是不是真心？他會不會為了自己與老婆離婚？如果他只是找藉口玩玩，那就趕快踩煞車吧！因為已經有很多不見棺材不掉淚的 MM，正在那裡暗自神傷呀！

　　剛上班的 MM 具有許多優勢：單身、年輕、時髦、美貌、擁有高學歷、勇於挑戰新工作等。她們很容易受到異性的青睞，也容易引起男上司的「重視」。而通常男上司都很能幹，否則他如何成為上級領導者？其次，這種男上司一定很有錢，做上司的職位薪水不菲，車、房肯定樣樣具備。再則，這種男上司絕對是那種成熟型階段的男人，既像長者又像同輩，大多數是成家有子，對與女性交往有經驗，對 MM 噓寒問暖，更讓 MM 因此折服。最後，男女相處時間久了，難免「日久生情」，兩人不顧世俗的束縛和家庭的責任感，便成了戀人。

　　結局無非是悲劇的。一種：MM 取代原配，如願成為男上司的第二任夫人。但好景不長，當 MM 的年輕和貌美等條件隨著歲月的增長而消逝，會有新的 MM 取代她的地位。第二種：好事多磨。MM 始終等不到男上司的承諾，只能做他的地下情人，待事情曝光後，搞得自己「身敗名裂」，而男上司會重新恢復家庭和睦，但 MM 卻成為人們的笑柄。

　　所以，MM 不論如何大膽前衛，也不要愛上有家室的上司，不要為一時的衝動而引火上身。做了第三者，有朝一日也會被第四者所傷的。奧運比賽得銅牌也不錯，但愛情裡得不到第一就別做第三。

　　即便上司未婚，你們的愛情也是困難重重。因為有些上

司會以為妳貪圖他的錢，畢竟他這麼優秀肯定不乏追求者，他可能已經對這種事情厭煩。如果他以為妳對他圖謀不軌，那妳的日子就不好過了。但是，即便他真的接受了妳，如果戀情逐漸公開，來自公司的壓力是無形且沉重的。紙包不住火，一旦大家知道了妳是上司的女友，那麼妳所在的部門便認定上司的公司有「義務」滿足他們的各種要求，而且不管出現何種問題，只要妳出面，一切都可以化干戈為玉帛。當妳不得不把壓力施加給上司時，上司也覺得非常不高興。愛情一旦和利益掛鉤，就不得不讓人懷疑它的純潔性。

　　別讓妳的男朋友有多重身分。有句話說得好：愛情和事業是人生的兩條道路，只有當兩條道路並行時，才能將人生駛向幸福的彼岸，但又有誰能真的將愛情和事業擺放得宜呢？就算是有心，往往也會力不足。

職場女性的新境界

　　真讓人羨慕！他們懶，但工作不賴；他們能自由支配時間，錢也賺得不少。

　　在辦公室裡大叫一聲：新年不工作啦！會有什麼反應呢，是怪異的眼光，還是羨慕的探詢？

　　其實，「不工作」的呼聲，在每個人的心裡都曾經出現過。一天又一天，一年又一年，對於職場人來說，時間的遷

移似乎只是意味著工作的循環。

　　在今天這樣一個經濟迅速發展、生活節奏日益加快且競爭激烈的時代，人們的工作和生活壓力越來越大，尤其是白領上班族們，一整天工作下來可謂筋疲力盡，回家後更渴望享受輕鬆愉快的「懶人」生活，而不願承擔繁瑣的家務。於是漸漸地，「新懶人」就變成了「白領」的代名詞，而「新懶人生活」、「新懶人文化」也成為一種全新的生活時尚，備受現代人的歡迎。當「新懶人」演變成一種獨特的文化與時尚的詞彙時，有人就在這個「懶」字上做起文章，並獲得財富。

　　《懶人非常成功》、《懶人致富》、《懶人懶辦法》、《我是爬蟲類——懶人一族辦公室匍匐前進手冊》……「懶」字當道，做懶人似已成為「時尚潮流」，辦公室衍生出「懶人一族」。如果你還在 Office 裡跑進跑出，忙得暈頭轉向、天昏地暗，旁邊早有人冷眼觀看啦。

　　「Vivian，妳好，協議書已經改好了，我發給妳，妳們列印出來蓋章後再給我。」Joe 正在電話中。

　　「傳真啊？不好意思，我們的傳真機壞了，所以我還是寄電子郵件給妳。就這樣，收到後告訴我一下。Bye。」

　　旁邊的 Julia 不解地問：「傳真機哪裡壞了？」

　　Joe 拄著頭，偷笑地看著幾步之遙的傳真機，慢悠悠地說：「我這樣省時省力啊！發傳真，得先去拿紙，再列印，

然後跑到前面發，現在一個 E-mail 輕鬆搞定。再說，還節省成本。」

「就這幾步路？」Julia 領教了 Joe 的「懶」，懶，卻有效率，能坐著不動絕不站起來。

相較於 Joe 能坐著絕不站起來、少走一步是一步，是身為某餐廳的 Waiter 的 Jay 的特色。Mike 每天積極工作，每天做到腰酸背痛。客人一有需求，他就立刻回應。

「請拿些方糖。」「好！」「請給我幾張餐巾紙。」「好！」……。

他的同事 Jay 正好相反，對客人的要求，他「三思而後滿足」，慢慢來。他總是五步併做一步。「請給我一杯咖啡。」「好！」方糖、餐巾紙、湯匙……一併送上。「買單。」「請稍等！」帳單、找錢、發票一併送上。考慮好客人的所有可能要求，走一趟能解決的絕不往返。

「懶人的最高境界，是用智慧尋求事半功倍的捷徑。」

當然，偷懶也不是真的懶。真正的閒散，在於完全對自己負責，真正的自由，源自徹底的獨立。所以做懶人，但不是做不負責任的人，我們的重點在於尋求生活真正的樂趣。

在工作上，永遠不要試圖去敷衍你的老闆。也許你想，只要在辦公室努力工作就行，但實際上這種小聰明撐不了多久時間得，你到底在工作上用了多少心思，老闆心裡一清二

楚。有人曾經訪問過許多在事業上功成名就的人，他們都有一個共通點，就是在工作中投入的時間及精力，遠遠要比工作本身所要求的多。

記住，即使如俗語說的「職場如戰場」，但請你在別人遇到困境時，千萬不要偷懶，要熱情地伸出援手。盡可能地做一個與人為善的好人，這樣，當你在工作上不小心出現紕漏，或當你面臨加薪或升遷的關鍵時刻，才會盡可能減少別人放冷箭的危險。「你怎麼對待別人，別人就會怎麼對待你。」這就教育我們，要待人如待己。其實，對周圍最有益的生物是生存得最好的生物。

如果一個人不努力，他是無法從人生中得到好處的。不管你是在做接線生的工作，還是擔任總監，在職場上獲勝的黃金定律之一便是要有責任感，凡事盡力而為，且要任勞任怨。

在大學時期，Joyce 就以拖拉出名，不到最後絕不「交卷」。論文不到最後絕對寫不出來。這一「優良傳統」她一直保持到工作後。

「明年的個人計畫請大家準備好，這個月底給我。」老闆交代的任務，大家當然不敢怠慢，陸陸續續都寫了交給老闆，只有 Joyce 在 31 日那天才慢悠悠地「交卷」。

大家說她還真沉得住氣，她軟趴趴地靠在椅子上反問：

「除了我，你們有幾個是沒有修改過的？」果然，除了她還真沒第二個了。

如果做不到這點，你就無法成為一個好的職員或者好的上司。一個相信自己的人，才會在走路時神采飛揚，讓老闆看見你有無窮的精力，進而幫助老闆培養對你的信心，必要時委你以重任。

生活的樂趣跟工作的樂趣完全可以分開。「慢」不是一時的流行，是一種線索。從慢方向、慢人物、慢工細活、慢動作，慢思索的樂趣，並提出「懶惰」的主張，享受一個慵懶而美好的季節。

危機意識不能少

你熱愛你的工作嗎？你為你的晉升挪出了多大的空間？你有沒有參加一個以上的學習班？

如果以上的回答都是 NO，那麼請你思考最後一個底線問題：設想一年、兩年或者三年以後你的職場位置。如果對此你一頭霧水，親愛的，你毫無疑問遇到了一個名叫職業規劃的危機。

你可能處於長期機械忙碌的工作中，無法對自己的興趣、水準、能力、薪資期望、心理承受能力等進行全面分析，進而做出較為準確和理智的職業規劃。你每天盲目地奔走在

家到公司的兩點一線，想像不出幾年後自己的工作將發展到哪裡，眼前的工作只是既定的程式，以後會做什麼，想做什麼，你毫無頭緒。你日復一日地重複相同而瑣碎的事務，有一種被掏空的感覺，對於未來，迷茫無措，沒有合理規劃的工作毫不留情地把你帶人規劃危機。

19 世紀末，美國康乃爾大學曾做過這樣一個實驗：把一隻活蹦亂跳的青蛙猛然丟進正在沸騰的油鍋中，青蛙馬上就感知到了危險，拚命一縱便跳出鍋子，安全逃生。實驗人員又把這隻青蛙放到冷水鍋裡，然後慢慢加熱。青蛙一開始在鍋裡暢快地游來游去，毫無戒備，一段時間後，鍋裡的水溫逐漸升高，等到青蛙忍不住要逃生時，卻為時已晚。

青蛙沒有死在滾燙的油裡，反而死在慢慢升溫的水裡，這不得不引起人們的深思。

社會是在不斷發展進步的，發展越快，進步越大，競爭往往越激烈。唯有樹立危機意識，不斷追求進步，始終走在時代的前端，才能在競爭中立於不敗之地。

「生於憂患，死於安樂」，居安思危是企業以及員工永遠的生存之道。微軟董事長比爾蓋茲（Bill Gates）說過，微軟離破產只有 12 個月。而這個全球市值最高的軟體巨無霸之一，之所以能經歷一次次包括來自美國司法部及各同行的圍剿而安然無恙，恐怕與這種深切的憂患意識不無關係。

第三章　如木棉般美麗地獨立

　　西方管理學有個「鯰魚效應」的說法。漁民在裝滿沙丁魚的魚缸裡放入一條吃魚的鯰魚，鯰魚進入魚缸後便四處游，而沙丁魚為躲避鯰魚十分緊張，加速四處游動，這樣沙丁魚便能活蹦亂跳地回到漁港。

　　金融海嘯背景下，職場競爭壓力也進一步加劇，「加倍珍惜工作機會、全力以赴對待工作」已經成為職場人士捍衛工作機會的一種必然趨勢。我們要針對現有崗位的職責需求盡量做得好一點，不僅能夠出色地完成本職，更可以兼任其他職位的工作，成為節約型人才，這樣被別人取代的可能性就會小一點。除了做好本職工作以外，做個職場有心人也很重要，不要只是低頭拉車，也要抬頭看路。比如關注一些行業的發展動態，因為有些行業確實是受國家產業政策的影響，有時候要有政策性的減產或裁員，所以要及時關注各種新聞及資訊。總之，在平時的工作中，全力以赴地做好每一件事，為公司創造最大的價值，凸顯出你的競爭優勢，努力獲得你的職場高分，那麼當裁員危機來臨時就可以幫你化解危機。

　　行業發展瞬息萬變，再大的公司也可能在短時間內迅速衰落。職場人腦袋裡要時刻繃緊這根弦，了解自己的發展瓶頸，做一個「騎驢找馬」的聰明人，在危機來臨之前做好準備。

職場人要對行業發展動態保持敏銳的嗅覺，還要關注國家宏觀調控政策、行業競爭動態、企業內部人事調動和老闆的喜好等。這些資訊可以透過新聞、專業雜誌、同行前輩等處了解諮詢。隨時保持資訊的暢通，才能早人一步。

職場中有一種人，不重視充電，他們常說：「與本職工作無關的東西，學它幹嘛，又用不到！」然而職場中不可能一張「通行證」走到底，俗話說「技不壓身」，同樣的機會擺在眼前，誰能力更強，誰的勝算就更大。因此，及時充電、正確充電非常關鍵。

在認清自己優勢與劣勢的基礎上，清楚地知道自己需要加強哪方面的學習與培訓，在不斷認知自己的過程中，正確地做出定位，明確自己的發展目標，快速地找到自己的發展平臺，提升核心競爭能力，做好危機預備方案，加強防範意識，才能讓職業生涯發展得既快又好。

一隻野豬在樹幹上磨爪子。狐狸看見了，問牠為什麼不躺下來休息享樂？而且現在也沒有看見獵人和獵狗。野豬則回答說：「等到獵人和獵狗出現時再來磨牙，就來不及啦！」

這隻野豬實在很聰明，因為牠有危機意識，懂得未雨綢繆、居安思危。俗語說：「生於憂患，死於安樂」。身處安樂的環境中，很容易讓人懈怠。一個人，若沒有危機意識，必然遭到不可測的橫逆；作為一個企業，沒有危機意識，遲早

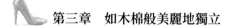

會垮掉！

　　所謂：闖江山容易，坐江山難。自古多少君王都在庸庸中痛失天下。要知憂患不足畏，居安思危才是真的難能可貴！

第四章　當然，還必須瀟灑走情場

愛情是全世界女人心中亙古不凋的美麗之花。但在華人女性這裡，愛情卻更像是需要正襟危坐的一樁事業，其重要性甚至超過了活著本身。

在美國，市面上最好賣的女性讀物均以「How to」（怎樣）開頭：《How to 在 3 分鐘內引起男人注意》、《How to 給他一個終生難忘的夜晚》、《How to 留住他一輩子》……。

當大洋彼岸的女人們在思考如何做去實現自己的夢想時，太多的華人女性卻還在為「為什麼我不能同時找個愛我又我愛的有錢人過幸福美滿的生活」而黯然神傷、顧影自憐。

她們看慣了童話愛情故事，相信只要自己苦苦地去愛，就能解決一切問題，直奔幸福的康莊大道。

愛需要距離

　　一對愛得死去活來的刺蝟緊緊擁抱在一起，儘管它們身上的刺將彼此刺得鮮血直流，但仍不能分開牠們。

　　最後，兩隻刺蝟流盡了最後一滴血。神看到這個場景，深受感動，便對刺蝟的靈魂說：「說吧，你們下輩子想做什麼？我願意滿足你們的願望。」

　　兩隻刺蝟異口同聲：「如果還有來世，我們一定要做人，並永遠在一起！」

　　來生，刺蝟果然轉世成了人，他們真的永遠在一起了，同床共枕，形影不離，時時刻刻都如膠似漆地在一起。但他們卻很想分離。知道為什麼嗎？他們成了連體人。

　　沒有人喜歡被束縛的愛情，這樣的愛情不僅沒有甜蜜，而且搞不好還可能很煎熬。愛情如同運動，也需要一收一放。被愛情包圍的人，往往最難把握收放之間的分寸。很多相愛的人，最終不得不分開，就是因為迷失在一種或者太過緊張、或者太過鬆弛的氛圍裡。

得把自己當公主

　　一本《一輩子當公主》讓我們熟知了韓國作家阿內斯‧安（Aness An）。她告訴我們，公主不只出現在童話裡，也

不再只是女孩的專利，即使妳年華不再、青春已逝，仍然可以一輩子當公主。

即使沒有漂亮的鞋子，即使沒有飄逸的長髮，即使沒有深愛著自己的王子，但對於真正愛自己的女性來說，沒有來不及的事情，也沒有做不到的事情。

正值青春妙齡的年輕女孩，在驕陽似火的夏日，一襲素色衣裙，在夏風中倚著潮溼的空氣，在江灘上獨步走過。誰不願自己像公主一樣美麗驕傲，受人矚目與寵愛呢？我們不是公主，但我們可以活得像公主一樣。

有多少女人真的會愛惜自己？經常見到 40 歲不到就把自己變成黃臉婆的女人，省吃儉用，天天圍繞老公、孩子、瓦斯爐，一和老公有了矛盾，要麼像潑婦罵街，要麼像怨婦哭哭泣泣，來來去去就那幾句「我原來多麼漂亮，原來多麼有氣質，原來多麼多麼……」，如果遇到老公有了二心，那更是天都塌了，世界末日來臨了。

可是哪能怨得了誰啊？省吃儉用也沒有成為百萬富婆；自己生病難受妳不說沒有人知道；別說為了照顧孩子沒有時間打扮，妳一會兒不照顧孩子，我不信他就會出什麼事情；什麼天天上班忙，下班煮飯帶孩子，哪裡有時間充電；什麼家務事團團轉，沒有時間出去放鬆，更別說出去旅遊；妳愛的孩子皮點，妳愛的老公懶點，妳說累死了啊，累死了啊！

我說學會愛自己，會愛自己才有資格愛妳所愛的人，自己都不知道怎麼愛自己，又怎麼會愛別人呢？

　　在愛情遊戲中，男人天生能力不足，女人卻是天生的戰略高手，能認清這個真理的，就能以柔克剛，攻心為上，天天當公主；認不清的，就只能做牛做馬當女僕，即使過勞死，男人也不會覺得妳很辛苦！為什麼自己做牛做馬的奉獻，卻得不到男人的疼惜與呵護？其實，在愛情中，每一個女人都能成為備受寵愛的公主，而男人的內心，同樣也希望當個守護公主的王子，但是女人如果用錯了方法，男人寧可選擇當愛情的逃兵。

　　大部分女人常誤以為，只要為男人犧牲，對方就會感謝她，於是把自己弄得像女僕，結果竟把男人越逼越遠。因為這樣的女人不是男人心目中想呵護的女人，他想要的是一個貼心、懂得察言觀色，而且會挑起他「寵愛欲望」的公主。其實，想要成為公主並不難，不一定要是絕世美女，也不一定要家財萬貫，只要掌握男人的渴望，了解男人的需求，再加上用對方法，男人就會無怨無悔、心甘情願的付出，即使要他半夜送宵夜，他也依然甘之如飴。

　　愛自己，寵自己，讓自己高興，需要什麼條件？就算沒有王子，也得讓自己光鮮得像個公主。

　　如果妳不是公主，但是這一刻，妳要學會把自己當公主

對待。告訴自己:「即使我沒有漂亮的鞋子,即使我沒有飄逸的長髮,即使我沒有深愛著自己的王子……我有的,只是自己而已也罷……」。要努力像個公主,抬頭挺胸,自己對自己說:妳可以的,妳可以……當「美好」再次經過,不要再彷徨,再猶豫,要牢牢抓住它,抓住「遺失的美好」……。

有一個女孩總是忘了自己所有的優點。她會的就是不停地說:「我不行,我不會,我做不到。」自卑像一隻小蟲子,把她的心咬得滿是傷疤。一切的一切,都源自於她的身材。其實,那不過是嬰兒肥。在經歷過青春的人眼裡,覺得很可愛呢,可是她卻過不去這個坎。她一遍一遍照鏡子,一次一次怨恨自己吃了一塊巧克力,又一次一次在事情面前退縮。她甚至偷偷哭泣,覺得暗無天日,青春像一朵沒開的花,在肥胖這個惡疾的壓迫下迅速枯萎了。

劉若英,一個平凡的有點淡淡憂傷的女子。她說:每個女孩都可以把自己寵得像公主一樣,只要妳願意。自己愛自己。我們都把自己當公主,不是偶像派,也可以是實力派,別人不愛,還有自己可以愛。反正,我是公主,我的驕傲,我的好,我自己知道。

人生是自己的,把自己當公主,別人才有把妳當公主的理由。未來不知會怎樣,人生還會遇到很多失意,但告訴自己永遠都是「Princess」。

做自己的公主，是保持我們內心的高貴，高貴地活在這個紛繁複雜的世界裡。做自己的公主，是修練我們自身的魅力，桀驁地活在這個燈紅酒綠的世界裡。做自己的公主，是善待我們靈魂的聖潔，清白地活在這個誘惑多多的世界裡。

愛他先要愛自己

要愛人，先要自愛。這是老生常談，是千古不變的定律。可是，現代男女全都從自己的世界出發，要求別人愛自己，卻從來不會先自己愛自己。

心理治療師作家素黑說，要成就一段愛情關係，首先要自愛，妳不愛自己，如何要求別人愛妳？她解釋自愛的定義，不是從物質上出發，不是買多少華衣美服，或吃多少佳餚便叫愛自己。這種「自愛」是對自己發自內心的愛，能夠自愛，才可昇華去愛別人，或者被人愛。

王菲一首歌裡的一句話：自己都不愛，怎麼相愛？是的，愛人，首先要愛自己，因為只有珍愛自己，才能讓自己成為愛情中擁有足夠分量的一方，才能給予對方美好的愛情，才能贏得幸福快樂的結局。要愛自己，那就給自己設一條愛情底線吧，或者妳不願意給心愛的人太多壓力和束縛，但是就如同一切權力一樣：妳可以棄而不用，但是妳不可以沒有。

小紀是一個溫柔又很能幹的女人。她曾經有一個溫暖的

家，一個愛她的丈夫和一個乖巧聽話的女兒，但是現在這一切即將不屬於她了。她和丈夫是同鄉，又是大學的同學，所以他們從戀愛到結婚都非常順利。結婚之後，公司裡沒有宿舍，小紀和丈夫就在小公寓裡住了將近5年。女兒就是在小公寓裡出生的。

回想起那時，小紀覺得生活雖然艱苦，但是卻很幸福。為了自己的丈夫和家庭，小紀做了一切。從帶孩子到打掃清潔，到買菜煮飯，到去上司那裡為丈夫出國說情，到利用業餘時間出去四處推銷化妝品為家裡多賺些錢，小紀可以說是竭盡全力。對此她的丈夫曾經也很感動，而且不止一次地說過，沒有小紀做的這些，就沒有今天的他。今天的他就是，得到了高階職位，確定了行政職務，經歷了出國進修。但是，隨著他處境的改變，他慢慢地開始對小紀有所不滿，覺得小紀不領風情、缺乏浪漫。於是，他的工作變得越來越「忙」，連節假日都說要「加班」，經常半夜才回家。

小紀知道丈夫的心已經離她越來越遠了。對此，她感到非常的無助與絕望。小紀的丈夫已經多次向她提出離婚，但是小紀一直拖著。因為她不能接受離婚這個事實。一是小紀覺得他們之間雖然出現了問題，但是根本還沒到一定要離婚的程度。二是小紀現在沒有工作，經濟不能獨立。小紀的丈夫曾經對她說家裡不缺她賺錢，如果覺得累，就多照顧家庭

就好。所以小紀辭去工作，成為一名「全職太太」。她覺得如果自己最後迫不得已一定要離婚，也要等找到工作才行。三是她怕女兒接受不了他們離婚這個事實。對於小紀提出的這幾點理由，她的丈夫認為唯一還可以考慮的就是女兒，因為女兒快要考高中了。小紀的丈夫說等到女兒考完試他們無論如何也不能再拖了，否則，他就要訴訟離婚。當然，小紀是不能接受丈夫這個決定的，她很焦慮，吃不下飯、睡不著覺，每天想的就是如何勸丈夫回心轉意。應該說小紀使出了渾身解數，她找過雙方的父母、兄弟姐妹、同事、部門上司、朋友，甚至還想過或許讓自己或孩子出事，也許這樣就能夠使丈夫「回心轉意」。現在，小紀在那裡熬著所剩不多的時間，她在盼望著奇蹟的出現。

之所以會弄成這樣，是因為她失去了自我。男人和女人是平等的，男人擁有的權利，女人也同樣擁有。所謂的自我，是指作為一個女人，在經濟上應該能夠獨立，在思想上能夠有自己的想法和主見。

女人只有先愛自己，她才會真正贏得男人的愛。愛自己並不是指自私，而是指女人應該能按照自己內心的真實想法，對與自己有關的事情去獨立地決定、判斷與取捨。而且，假如妳碰到的是一個真心愛妳的男人，他就不會僅僅考慮他自己的得失，而不顧妳的感受。除非他對妳的愛不夠

深，不夠真。因此從這一點來看，女人是否能夠先愛自己，其實與男人無關，更多地取決於女人自己的「覺悟」。

對於女人來說，男人的愛並不是生活的全部，如果妳把它當成全部的話，妳最終可能什麼都得不到。不管別人怎麼看，做自己喜歡的事，走自己的路。該減肥的時候減肥，該吃時照吃。做自己想做的，只要自己快樂就好。

如果做什麼都是為了男人或別人的看法，那該多累！或許妳愛一個人時會義無反顧地為他什麼都做，那是自然反應。千萬別為了他失去了自我。當有一天他和妳分手後，妳發現自己已經不是原來那個自己了。

告訴所有戀愛著的和準備戀愛的女人，希望妳們好好愛自己，這樣才能更好地去愛他。

不要為了愛情盲目犧牲自己的事業、學業、朋友、親人等。尤其不要一廂情願地無謂犧牲，否則也會給男人帶來壓力。推己及人就是這個道理。

來一針愛情疫苗

有人說，戀愛像體操，需要從年輕的時候開始不間斷地練習才能技藝高超，等年齡大了再練難免摔傷。如今這個時代的女人，30 歲前就該把戀愛功夫練好，否則哭的總是自己。

20多歲的女人執著地相信緣分。每個年輕的女孩在心中都篤定地認為：最終伴我走過一生的那個男人，一定是英俊瀟灑的，看到他第一眼的感覺就像被雷打到一樣強烈，然後一個聲音在心裡說：就是他了……。

聽聽過來人是怎麼說的：「遇到第一個男人，女人發誓自己的愛情可以永遠不變；對第二個男人，女人還是這麼說，但心裡已經不再那麼篤定；等第三個男人來了，女人就轉過頭看著窗外，淡淡地說：『誰能知道將來的事呢？』」

兩個人的交往已經到達漸入佳境的階段，而她總喜歡在氣氛很好的時候問一些假設性的問題，每一個問句前面都是「如果有一天」，例如：「如果有一天，我因為公事要離開你很長一段時間，你會不會等我？」……

剛開始的時候，他還算有耐性，都會一一回應。而且都是用近乎「甜言蜜語」的口氣說：「傻瓜，擔心什麼，就算妳出國兩年，我也一定會等妳啊！」

儘管他表現得已經接近一百分了，還是無法讓她停止這樣的問題，而且總是不停地追問，例如：「你會等我兩年。萬一，是五年呢？」

每個男性的忍耐都有所謂的極限。有一天，他板著臉對她說：「妳可不可以不要再逼問我這些問題，我覺得很沒有意義！」

　　也許是平常被寵壞了吧！她惱羞成怒地對他大吼：「你不要自以為了不起。我只不過開個小玩笑，你有什麼好的。」然後，負氣轉身離開。

　　在氣頭上，他沒有追過去，獨自一人騎車回家。失去聯絡兩天後，他還是先打電話給她。還沒打招呼，就打了個噴嚏。

　　「感冒了喔？」她心疼地說。

　　「也許，我也該去多打幾針流行感冒疫苗，增加我對病毒的抵抗力。」他開玩笑地說，意有所指。和真實的感冒沒有差別，愛情的經營同樣需要充分的營養、足夠的休息和適當的運動，來防範病毒的侵襲。

　　愛情病毒，不止存在於女人愛幻想的腦袋，也繁衍在實際生活中多變的兩性關係裡。若要男人不受愛情病毒攻擊，不是要他不停接種各式的「如果……你會不會……」愛情流感疫苗，而是先調整他的內在體質，使他能夠自然而然地產生抗體。

　　就像每一種疾病一樣，愛情作為一種很難治癒的類絕症，是不是也有自己的疫苗？被愛情嚴重感染後大病一場，就會生出自己的疫苗，從此對愛情有了免疫力，從此不會像上次一樣為一個人心碎致死。

　　雖然確實有那些吉星高照的人，報紙上也報導過法國有

一對 99 歲高齡的青梅竹馬老夫妻在慶祝他們的 80 週年結婚紀念日，可大多數人沒有這麼幸運。

　　像愛迪生最終找到鎢絲來點亮電燈以前歷經無數次失敗的試驗一樣，女人在找到那個陪自己度過一生的男人之前，也有很多注定失敗的戀愛要談。愛情疫苗在婚前先打，總比婚後再去補打好。被女人感情寵壞的男人，是不太會珍惜某個女人對他的感情的，因為他習慣了揮霍。所以，妳現在的一切努力，在妳已經是竭盡全力了，在他僅僅是動動腳尖而已。春暖花開，晒個太陽，呼吸點新鮮空氣，比自己坐在屋裡掉那些廉價的眼淚好多了。

培養自身神祕感

　　所謂神祕感，是指由於男女間的性別、生理、心理差異而產生的新鮮、奇特、深奧莫測等體驗。它在整個戀愛過程，乃至婚後夫妻生活中，都起了一種特殊促進和至關重要的心理作用。男女間的神祕感激起兩性間的好奇，在這種好奇心的驅使下，兩者要求接觸並且相互探索，在接觸、探索過程中，如果彼此欣賞、富有吸引力，就會產生好感。在好感的基礎上，由對方神祕性產生吸引力，透過進一步的了解，若相互發現許多發光的東西，那麼，愛情就會產生。如果異性間沒有對這種神祕感的探索，那麼，兩人的吸引力便

無從產生，也就根本談不上愛情。

懂得表現自身魅力的神祕女子，營造神祕感似乎是一種技術。對女人來說，保持神祕感這種東西就像是走鋼索，一邊是神祕感，一邊是男人的耐心和好奇，一旦這種平衡被自己打破，或者男人自身的耐心和好奇感的平衡被打破，那麼便立刻墜入不復深淵了。只保持著對方非常好奇部分的神祕感，才是一個聰明女人的做法。

得不到的才是最好的。了解男人的心理，有時也應該欲擒故縱才好。迂迴曲折地說「妳要」，比直接說「妳要」更來得風情萬種。

男女間要互相保持吸引力，是一種難度很大的藝術，保持神祕感絕不是故弄玄虛，彼此隱瞞和欺騙。否則，會弄巧成拙。這世界並不缺乏優秀的男人，但是妳必須主宰自己的生活。

每個人在生理上都有一些需要，有的人強烈，有的人稍弱一些。在沒遇見你之前怎麼辦？或許會找一個人陪伴自己？我們如何來衡量他的對錯？如何來衡量值得還是不值得？沒有人會給出確切的答案，每個人的思想都是不同的，不能只根據自己的想法，去評判別人的思想是對還是錯的！

戀愛是一個相互了解的過程。能彼此認識、了解，應該是值得慶幸的，但是，了解得過於透澈，甚至一些不需了解

的也知道了，使彼此的神祕感消失，則對愛情沒有好處。每一個男女都應該擁有一個個人的世界，應該有自己一方神祕的、不為任何人所知的天地。因此，情侶間互相保持吸引力，則首先要彼此保持一種神祕感。這種神祕感不是固定不變的，其內容一邊不斷地被對方所探究、所發現，變為不神祕的東西，一邊又不斷地被新的內容所充實、替換。而這種神祕感內容的更新，需要靠每個人的知識和智慧。一些徒有漂亮的外表而沒有豐富的內在修養的人，往往只能夠使人在感官上取悅一時，一旦與他們相處久了，由於知識貧乏，思想沒有深度，缺乏神祕感，便會很快失去吸引力。所以，在戀愛過程中，除了加強自身的各方面修養外，還要注意不要過快、過於充分地將自己全部暴露，包括才能、特長、經歷等，要學會「細水長流」。愛需要真誠相對，但也需要自身的神祕感。給愛一點空間，讓愛情自由自在地呼吸，保持愛情的新鮮與神祕。

　　如果人們對你沒那麼了解，就會覺得你很有價值。如果你能讓跟你交往的人覺得你的聰明遠遠超過他們的想像，他們就會更加崇拜你。你可以表現自己，但是行為一定要有風度，讓人感覺你不僅深謀遠慮，而且溫文如雅。擁有真正學識的人，會非常看重一個人的智慧和思想，但是一般人看重的不過是人們的地位和身分。讓你周遭的人按照你想要他們

想像你的樣子去費心揣摩，但是不要留有讓別人批評你的把柄。許多人會莫名其妙地讚美別人，卻不知道自己為什麼會如此，只是因為對方的權勢和神祕，他們便為之傾倒。對於那些神祕不為人所知的事物，只要聽到有人讚美，人們就會同樣讚美它，而且發自內心地敬重。

保持自身的神祕感，不是不談自己的事情，而是要學會在恰當的時機去談自身的事物，但是不要說的過多！這樣，對方對你的事一知半解，很自然地就會想更多了解你了！

沒有必要過分清楚地表白自己，應該讓眾人對自己保持一種神祕感。

其實，無論是面對心愛的人或是別的人，都應該保持一定的神祕感。

一般來說，人們對那些完全了解的東西會不再關注，而對那些不了解的，卻保持著一種莫名的崇拜和敬仰。經常提起過去的輝煌，會讓人覺得你在炫耀。好漢不提當年勇嘛。提起過去的糗事，又會被小人利用來中傷你。過去的糗事，提它幹嘛啊，讓人笑之以柄。

總之，你的過去，還是少告訴別人為妙。

愛情只求八分飽

曾經有個小女孩問媽媽，「怎樣才能抓住丈夫的心呢？」

媽媽來到院子裡，讓女孩抓起一把沙子，滿滿的一大把。

　　媽媽說：「試著握緊。」女孩用力地握緊手，結果她握得越緊，從手指縫裡漏出的沙子就越多。

　　愛情是一個相互的空間，擁抱可以緊密，親吻可以無間，但是窒息就什麼也沒有了。給愛人多點空間，別怕愛人的心飛了，因為你心的空間比天高，任憑愛人上下翻飛。你不給愛人空間就是不給自己的愛情空間，結果愛人只能跑到別的空間。

　　當妳太愛一個人的時候，會不自覺地方寸大亂，會不自覺地迷失自我，會不自覺地按照他的喜怒哀樂安排自己的心情，和他在一起，他便是妳的整個世界，和他在一起，妳的整個世界只剩下他；當妳太愛一個人的時候，妳的寬容將成為毫無原則的容忍，妳的付出會慢慢地被他習慣，甚至無視，妳的個性、妳的生活在他的眼裡都會變得無足輕重，當妳太愛一個人的時候，妳就像是一顆電池，而他則是一個手電筒，為了他的光芒，妳選擇毫無保留地釋放了自己，結果妳是因為耗盡了能量而被他遺棄，因為他需要用新的電池來維持自己的活力。

　　飛蛾撲火的愛情，固然唯美。但是，如果一旦成為過去，如何讓彼此收拾那一地的狼藉？

　　托爾斯泰（Leo Tolstoy）的《安娜‧卡列尼娜》一書中，對愛情的產生和起伏變化做了非常精準的描寫。安娜是一位美麗的貴婦，邂逅英俊的年輕軍官華倫斯基後燃起瘋狂的愛情。為了這段感情，安娜拋夫棄子，冒天下之大不韙，挑戰上流社會的種種規範，不可謂不勇敢。

　　儘管如此，華倫斯基還是很快厭倦了這種終日廝守的生活。在沒有得到安娜的時候，他處心積慮地追求，甘願放棄仕途前程，甚至為了得到安娜的愛而舉槍自殺。然而，當安娜死心塌地和他走在一起後，華倫斯基開始想念昔日的朋友，想念那些熱鬧的社交生活，包括能以自由之身與女孩們交往。這樣一來，自然招致安娜的不滿。每次衝突後，她都忍不住向華倫斯基發問，是否還愛她。此時，華倫斯基往往在內心發出絕望的嘆息：「天哪，又是愛情！」

　　任何激情都可能因為距離的接近而淡化甚至消失。在此過程中，如果一方沒有過分要求，激情會逐漸轉化為溫情和親情。雖然是淡淡的親情，如果能好好地維持著，雙方都會感覺不錯。然而，當一方特別是女方對感情有過高期待時，往往會引起極大的反差。

　　安娜和華倫斯基應當還在熱戀，不過幾年的時間，就到了華倫斯基無法忍受的程度。這說明什麼？說明當一方死死地要求今日的溫情維持往昔激情的熱度時，無異於迅速破壞

著已有的溫情。當一個女人不斷發出感情的要求，不斷表達對丈夫的不滿時，她並不知道，自己每天都在扼殺著最重要的家庭關係和感情聯繫。

　　愛是一種快樂，太愛則是一種負擔。生活就是那樣，很多事物妳越是握緊，它越要掙脫，妳越是在意，它越要遠離。

　　愛一個人，愛得渾然忘我。那樣全心全意的愛只應出現在小說裡，這個社會越來越不歡迎不顧一切的愛。給他呼吸的空間，也給自己留個餘地 —— 飛蛾撲火的愛情，正在進行時固然讓人覺得壯美，但若他成為過去時，妳如何收拾那一地的狼藉？投入那麼多，妳能否面對那慘重的損失？

　　所以，愛一個人不要愛到十分，八分已經足夠了。剩下的用來愛自己。六分醉七分飽八分剛剛好！妳可以去愛一個男人，但是不要把自己的全部都賠進去。沒有男人值得妳用生命去討好。妳若不愛自己，怎麼能讓別人愛妳？

　　過分的愛是一種傷害。當我們那樣愛一個人，我們最終會因為沒法擁有他的全部而痛苦。我們變得自私和嫉妒，不但傷害了別人，也摧毀了自己。當妳自作多情的將全部的愛給了別人，妳將別人不需要的感情強加於人，給人壓抑給人負擔，甚至給人痛苦、給人折磨時，愛是一種傷害。如果妳還繼續愛得更多，很可能會給對方沉重的壓力，讓彼此喘不

過氣來，完全喪失了愛情的樂趣。

　　當妳成為不速之客涉入別人領地時，當妳久久占據別人心裡空間阻礙別人自由出入時，愛又成為一種侵犯，造成傷害和侵犯的感情，不僅變形，而且變質，卻已經不再是愛了。

　　讓對方給自己留一點時間和空間，各自發展，互相補充，不斷提高，和諧美滿。好的夫妻，即使長期生活在一起，也應該有相敬如賓的一面。越是親密的愛人，越要遵循「己所不欲，勿施於人」的原則，這樣，彼此的關係才可能和諧自然。

　　如果妳也正在為愛迷惘，或許下面這段話可以給妳一些啟示：愛一個人，要了解，也要開解；要道歉，也要道謝；要認錯，也要改錯；要體貼，也要體諒；是接受，而不是忍受；是寬容，而不是縱容；是支持，而不是支配；是慰問，而不是質問；是傾訴，而不是控訴；是難忘，而不是遺忘；是彼此交流，而不是凡事交代；是為對方默默祈求，而不是向對方提諸多要求；可以浪漫，但不要浪費；可以隨時牽手，但不要隨便分手。

　　妳懂得如何去愛了嗎？

一執著，愛就死了

　　我們通常透過執著來證明對一個人的真心和對愛情的虔誠，但是往往，也許正是因為我們太過執著、太執迷不悟，才殺死了愛情，殺死了驀然回首，卻在燈火闌珊處的那人。

　　有個女孩偶然遇見了一個讓她一見鍾情的人，卻沒有機會認識他。於是她每天都向佛祖祈禱，希望能再見到那個男人。佛祖說：「妳想再看到那個男人嗎？妳還必須修練五百年道行，才能見他一面。妳不後悔嗎？」女孩說：「我不後悔！哪怕是拋棄所有的一切！」

　　女孩變成了一塊大石頭，躺在荒郊野外，四百多年的風吹日晒，苦不堪言。最後一年，一個採石隊要採修橋的材料，於是，女孩變成了石橋的護欄。就在石橋建成的第一天，女孩終於看見了那個她等了五百年的男人！他行色匆匆，像有什麼急事，很快地從石橋的正中央走過去了，當然，他不會發覺有一塊石頭正目不轉睛地望著他。

　　男人又一次消失了，再次出現的是佛祖。佛祖：「妳終於見到他了。」女孩：「為什麼我只是橋的護欄？如果我被鋪在橋的正中央，我就能碰到他了，我就能觸摸到他！」

　　佛祖：「妳想觸摸到他？那妳還得修練五百年！」女孩：「我願意！」佛祖：「妳吃了這麼多苦，不後悔嗎？」女孩：「不後悔！」

　　女孩變成了一棵大樹，立在一條人來人往的道路上，這裡每天都有很多人經過，女孩每天都在近處觀望，但這更難受，因為無數次滿懷希望的看見一個人走來，又無數次希望破滅。日子一天天地過去，最後一天，女孩知道他會來了，但她的心中竟然不再激動。

　　這一次，他沒有急匆匆地走過，因為，天氣太熱了。他注意到路邊有一棵大樹，那濃密的樹蔭很誘人。休息一下吧，他這樣想。他走到大樹下，靠著樹根，輕輕地閉上了雙眼，他睡著了。女孩觸摸到他了。但是，她無法告訴他這千年的相思。她只有盡力把樹蔭聚集起來，為他擋住毒辣的陽光。

　　男人只是小睡了一會，因為他還有事要辦，他站起身來，拍拍衣服上的灰塵，在動身的前一刻，他抬頭看了看這棵大樹，又微微地撫摸了一下樹幹，大概是為了感謝大樹為他帶來清涼吧？然後，他頭也不回地走了。就在他消失在她的視線的那一刻，佛祖又出現了。

　　佛祖：「妳是不是還想做他的妻子？那妳還得修練⋯⋯」。女孩平靜地打斷了佛祖的話：「我是很想，但是不必了。這樣已經很好了，愛他，並不一定要做他的妻子。」

　　佛祖的臉上綻開了一絲笑容：「這樣很好，有個男孩可以少等一千年了，他為了能夠看妳一眼，已經修練了兩千

年。」

　　女孩執著地等了千年，相思了萬年，男子卻始終不知道。結果，女孩還是要放棄執著，放棄千年的修練和萬年的相思，就像一切都沒有發生過。只是白白蹉跎了千年，苦苦相思了萬年。相對於我們的最終歸宿來說，這並不是真正的愛情。真正的愛情是兩情相悅、情投意合、執子之手與子偕老。所以，在女孩開始執著的那一刻，真正的愛就死了。

　　我們可以容許自己一見鍾情，但是沒有必要賠上青春執著地等待或者追逐，在心中留一份一見鍾情的感動和美好就足夠了，遠遠地守候也是一種擁有。在愛情的世界裡，我們眾裡尋他千百度，但是如果一味地執著向前，就不可能驀然回首，發現那人卻在燈火闌珊處。

　　愛情是一種緣。隨緣即好。

死黨，妳有嗎

　　愛情很重要，但是友情也一樣重要，它也一樣需要經營。在愛情裡、在婚姻生活中，妳還是不是妳自己，這裡面有一個最簡單的方法，就是問問自己，妳還有沒有屬於自己的女性朋友，不是同事，不是孩子同學的家長，不是男朋友或老公的朋友，而是妳的朋友，當妳和她們在一起的時候，妳只是妳自己，不是任何人的妻子、母親。

男人們總是希望妳把全部都奉獻給他，每個愛情都希望可以是一輩子的事，但是，如果有一天，這愛情被抽離，恐怕陪妳收拾這房倒屋塌殘局的，還是妳的老朋友。獨自一人的時候，保證還能有死黨為妳端茶送水，而不是聲嘶力竭的吼叫，為什麼愛妳的那個人不能來陪妳。

有人說，男人靠得住，母豬能上樹。試想，當不能上網、沒電話，在傷心落淚、痛苦掙扎時，還有誰不久就發來短訊詢問妳，靜靜陪伴妳，努力為妳排遣減壓、修補傷口、擔心受怕？還有誰會成為自己的避風港呢？

友誼，可以照亮我們心裡的黑暗。

專家認為，一個女人如果沒有幾個聊得來的女性死黨，將會影響健康。這種影響首先從人的心理開始，進而影響人的行為和身體。

任職於美國調查機構蓋洛普的湯姆・拉思（Tom Rath）在《鐵桿朋友：人生一定要有的 8 個朋友》一書中分析了大量採訪資料，他得出的結論是：有些人無家可歸、婚姻失敗或暴飲暴食，因為他們缺少友情。拉思發現，如果某人最好的朋友飲食習慣健康，那麼他自己飲食習慣健康的可能性要多 5 倍；心臟病患者如果沒有三四個關係親密的人，死亡可能性是其他心臟病患者的 2 倍。

某兩位作家經過 7 年訪談發現，友誼的品質對人們在生

活中能夠獲得多大滿足感有巨大影響。他們在其著作中說：「一個人如果在工作中沒有真摯的朋友，他在工作中投入感的可能性就只有十二分之一。」朋友的數量也很重要，他們相信，有些人有 3、4 位好友就會很愉快，而有些外向的人則可能結交 10 至 15 位朋友。

這個世界上有很多男人，他們並不會陪著妳一起變老，他們只是忍耐妳變老，等大家一起老的時候，他們還有機會，可以去找他們心中的蘿莉塔。而真正陪妳變老的，是妳的女性朋友。就像一次老朋友的聚會，她們依然美好，即便皺紋爬上她們的臉，但這沒關係，哪有朋友嫌棄朋友老的，不然要朋友幹嘛？

要記得，有一天，當妳 40 歲的時候，年輕時的狂蜂浪蝶都離妳而去時，當妳遇到一個爛男人時，只有妳的朋友，才會把她們同樣瘦弱的肩膀借給妳依靠，才會擋在妳的面前，對著那個男人大聲地喊「No！No!」；只有妳的朋友，才會不管多晚都接妳的電話，聽妳哭訴，跨越半個城市來陪妳過聖誕。只有妳的朋友，才會不嫌棄妳到了 40 歲還沒有找到真愛；才會告訴妳，50 歲的妳依然可愛，她們為妳感到驕傲。

有一女士說，7 年來我只用同一位理髮師 Q。4 年前 Q 換店了，她也跟著 Q 一起換店。每次去 Q 的店要轉兩次車，可是把頭髮交給她就特別安心。Q 懂她的喜好、臉型、髮質。

7年來，Q 從未讓她失望過，她也從來沒有令 Q 失望。除了偶爾就近做做頭髮，7年來從沒讓別人剪過。真乃是男朋友可換，理髮師絕對不能輕易換。死黨就像自己的理髮師一樣，絕對不能輕易換。

女人一輩子一定要有一個知己，真正的知己。和朋友一起漸漸年長、老去也是一件愉快的事，因為那種平穩親和的氣氛不到那個年紀沒辦法擁有。

互相陪伴分享不能和情人說的話，即便反反覆覆，也總不取笑。一起不顧形象地大笑，遇到問題時一起解決，即使一起哭泣、一起脆弱，也不覺得害羞。

一起大笑、一起瘋狂、一起擁抱，輕輕地抱抱對方說：「一切都會好起來的，相信人生總有美好！」

一起變老，每過一年，一起慶祝，笑著對對方說：「恭喜妳，妳越來越有魅力了！」

這樣，人生也就不會那麼孤單了。

不要把自己當保姆

有許多女人立志做個賢內助，為了男人事業發達，什麼事都不要他做，連毛巾都不曾讓他洗過一次。好像老公不是老公，是家裡的一尊菩薩。好像家庭不是兩個人的，是妳一個人的義務。我不反對做個賢妻，可是那個男人對妳的付出

心安理得嗎？他會心疼妳的付出嗎？男人的惰性、對妳的忽視就被妳這樣培養起來了。妳還不以為然，以為妳很高尚。妳的權益被妳自己忽視省略，到某月某天，妳撐不住了，責問他的冷漠，他回妳一句：不是一直都這樣嗎？把妳氣個半死。

小娟講述了她的故事：

因為知識水準不高，在都市，我只能做些粗重費力的工作，幾年後才穩定下來，在一家連鎖餐廳做服務生，每個月兩萬多塊的薪資。雖然收入不算多，可是能自食其力，我已經很滿足了。

然後與當保全的小磊談戀愛了。熾熱的愛，讓我們撐住了壓力。

父母經常打電話問我談戀愛了沒，我就把和小磊的事跟他們說了。我帶小磊回家，父母默認了我們的關係。我們的愛情步入了前途光明的坦途！

得到了家長的認可後，我和小磊訂了婚，然後在外面租房子。為了有更多的時間在一起，我們都辭掉了本來需要熬夜的工作，擺攤賣菜，而小磊暫時找不到合適的工作，就先休息一陣子，我心疼他，不願看他太辛苦。

小磊本來做保全時，晚上值班，白天常會去網咖玩，現在白天晚上都沒事做，他就每天都泡在網咖裡。我早起又晚

睡地賣一整天菜，中午還要去幫他送午餐，否則他在網咖裡會忘了吃飯。晚上回到家時常常沒人，我還得去網咖找他，等到他玩夠了、玩累了，我們才回家。

晚飯後，躺在床上，望著小磊的背影，我總是委屈地問：「小磊，妳是不是嫌棄我了？是不是不愛我了？」

「沒有，快睡覺吧！」小磊頭也不回，也不再有第二句話。

過了一段時間，我發現自己懷孕了，心中不由得一陣驚喜，趕忙告訴小磊：「我懷孕了，我們結婚吧，一家三口，多麼幸福的生活啊！」但小磊卻堅持不要這個孩子，理由是他還小，根本就養不起孩子，而且他也沒打算現在結婚。孩子，必須拿掉！結婚，要等到他年紀大一點再說！

我哭了又哭，求了又求，一個30幾歲的女人，這麼多年來，懷個孩子不容易。可最終，我還是沒能保住我生命中的第一個孩子。做完流產後，小磊就把我送回父母家，而他回老家去了。

那時，母親流著淚為我做好吃的補身體，父親最常說的話就是勸我死心。

還好，走不到一個月，小磊回來了，只是他變得越來越沉默。是不是因為跟我在一起，他的心裡後悔了，才變得如此落寞寡歡？還是因為他個性本來就是這個樣子？我已不敢

去想這個問題。只要他不提分手，或是主動離開，我想我是無法主動離開這個男人了。

養好身體後，我們找了相同的工作，在同一家洗車店洗車，一天三餐一起吃，晚上一起回到租住的房子，表面上看起來跟無數小夫妻一樣，和諧美好。但我不敢去想他的心裡在想什麼，不敢去猜測他明天會有什麼打算，不敢去預料在某一天，他會突然離開我！

我只是安靜地陪在小磊的身邊，幫他洗衣煮飯，照顧他、呵護他，在他的生活中，我像母親，像大姐，傾注著我心底那份深深的愛。同居男友把我當保姆使喚。

我再也沒有向小磊提起結婚的事，我覺得，結婚是你情我願的事，不應該是誰逼迫誰的結果，我耐心地等他主動提出來。但是，在寂靜的夜裡，我經常會被噩夢驚醒。每一個夢裡，小磊都穿著結婚禮服，臉上是幸福滿足的微笑，手挽著年輕漂亮的新娘，走在紅紅的地毯上。而那新娘，永遠都不是我……。

沒必要以愛他的名義「賤賣自己」，別把自己看得太低了。

督促男人盡他的家庭義務、夫妻義務，是正常的、必要的。不是苛刻，不是為妻的偷懶。這是提醒他：他是老公，不是住旅館。男人像孩子，可不能寵壞，寵壞了就反骨了，

妳還不知道是哪天開始的。可以少做一點，但不能讓他認為在家沒他的事。分寸的拿捏，聰明女人要自己思考。

所以，女人可以專一、可以深情、可以執著，但要珍惜妳的付出，不是付出越多越好，要有自己的原則底線。妳要活出妳自己的精彩。男人生病時，妳悉心照顧他就行了，不要把男人當成妳的天。付出多了，失去自我，反而讓男人輕視。自尊自愛，自立自強，自我完善，有張有弛，才能讓自己的天空不下雨，就算下雨了，也還有一把妳自己的小傘握在手裡。

分手了就灑脫一點

許多女人在戀愛中，常常會迷失自己，找不到自己，結果卻一敗塗地。有人聰明地把自己藏在愛情背後，可是卻收穫滿懷的溫馨與幸福。有的人為了愛人願意付出自己的生命，為了他可以不要全世界，還是有他陪伴著的日子天天永恆？如果說傑克死後，蘿絲也跟著沉到海底，那麼就沒有那感人至深、賺了我無數淚水的鐵達尼號。愛情的意義不是讓一個人為另一人犧牲，而是兩個人共同付出，彼此幸福。

一本書中說過，一個人無論陪你走了多遠的路，最終還是會和你分開的，畢竟很少有同一時間出生且一起走到老的人，不但有感情中的離別還有生與死的離別。如果這樣想，

即使分手了，你也不會那麼傷心，反而會祝福他幸福。如果老了哪天相遇，將會有另一番滋味在心頭。

愛的傷口裡記載的內容需要我們用一生來忘記（或許只有死亡的那一刻才能真正忘記）。能夠相伴一生的情感，難道不值得珍惜嗎？痛苦是人生一筆重要的財富，不要輕易踐踏；曾經愛過我們的人，前世一定和我們有緣，不要用語言傷害。如果他今生真的辜負了我們，那是因為我們前生辜負了他，紅塵輪迴，無需計較。就像我們哭著出生，大家笑了；我們微笑著死去，大家都哭了。一切都是輪迴。

當感情走到最後，如果一定要分手，就該瀟脫。因為，苦苦糾纏不會有結果。其中一方不肯放手，苦苦糾纏，更是痛苦。失去了自尊，傷透了心，留下萬劫不復的創傷，用盡所有的力量，看著挽回不了的愛情，越走越遠，才知道什麼叫做情何以堪。

一段感情走到盡頭，我們不要向他傾倒無情的口水來證明我們被拋棄的痛苦和無辜。如果那麼做，並不能讓我們的傷口好得快一點，不能讓我們的心理平衡一點，不能讓我們重新找回自我的時間縮短一點。

分手了，就不要再打電話給他。與其這樣拋下自尊落人笑柄，不如乾乾脆脆地放手。他若愛妳，不會忍心看妳為他心痛、為他流淚，不會忍心看妳受這樣的委屈。唯有不愛，

才能狠得下心來，根本不會去體諒妳撥電話時內心的期待與焦灼，痛苦和掙扎。他當然知道妳此刻心急如焚，可是他已經沒有相對應的熱情來回應妳。說不定，他身邊另有佳人在懷，也難保他不會向身邊的人炫耀：「看吧，這個女人，都說分手了，電話我都不接了，她還要這樣，真是無可救藥……。」

愛情結束，記得放手，以最優美的姿勢轉身離開。被辜負的苦楚，最多只能是一臉的無辜。

誰都知道，相愛總是簡單，相處太難。相處久了，烈焰激情終會歸於平淡。而愛情與平淡，本來就是雙胞胎。這樣一來，在兩個曾經相愛的人之間發生悲傷的故事，也就不奇怪了。

愛情就像一條橡皮筋，相愛的時候兩個人把它拉得緊緊的。不愛了，任何一個人先鬆手，另一端的那個人都會被橡皮筋狠狠擊痛。索性，在他放手的時候，妳也同時鬆手。

他會順手帶走以前屬於你們兩人的東西，不剩下任何一點，既然人家已經放手，妳就不要再握著那微不足道的感情騙自己了。不要打給他了，你們分手了就結束了，妳應該開始自己新的生活，剛分手是需要點時間來適應的，妳可以做點其他的事情把他忘掉，時間是最好的良藥，以後妳會更開心，別想他了，他不值得妳再去想，開始妳自己新的生活

吧！妳會更快樂！相信會有更好的等著妳。

　　自己付出了，就不要後悔失去了那份感情，沒有一個人一生只談戀愛不做其他事，也許就在妳轉身的時候，他也離開了，這樣的事情是無法避免的，每天都在發生。不要相信那些愛情小說，因為我們是生活在現實中而不是在童話裡，沒有誰會等誰一輩子。

　　有些事別太在意，任誰都要經歷的。最重要的是透過這一次，妳得到了什麼。同樣的錯誤要是犯兩次那就是自己的不是啦。學會保護我們心中柔軟的感情和自尊。

　　也別再說妳最愛的是誰，人生還很長，誰也無法預知明天。也許，妳的真愛在下一秒等著妳。說分手的時候也無需吵鬧，畢竟兩個人在一起過，分開他也會難過，只是他比較理智。不想束縛妳的或他的明天，好聚好散，以後還是朋友。誰都有自己的無奈。

　　也別把哀傷掛在嘴邊，每個人都有自己的故事，活著不是為了懷念昨天，而是要等待希望，讓大家都看到妳的堅強，離開他妳也可以過得很好。

　　離開以後，大聲告訴他：我愛你，與你無關。愛是你的權利，把想說的都說出來，平靜地回憶你們的過去。然後，哭吧，哭完就把一切都留在昨天，永遠不要去觸及。

　　想他的時候，就想想他的好、他的笑，記得曾經愛過一

個人，別去管最後是誰開始了背叛，開心過就好。

分手了就做回自己，一個人的世界一樣有月升月落，也有美麗的瞬間，把它歸為記憶。一個人的世界總需要另一個人做陪襯。他離開了那是他配不上妳。相信自己，明天會更好。

愛，本來是快樂的事，那麼分手也要灑脫。

第四章　當然，還必須瀟灑走情場

第五章　嘴巴甜一點，幸福多一點

為什麼有些女人一直默默地為對方付出，可是那個男人卻總是越看她越不順眼，說分手就分手？不是因為她長得不夠漂亮，是因為她說話很難聽！因此，在電影《求愛上上籤》中，劉嘉玲飾演的都市美女這麼說：「女人要知道什麼時候說話，要知道能說什麼話。」

有人說，上帝創造男人就是為女人服務的，這句話並不完全正確。因為，只有會說話的女人才能讓男人心甘情願為之服務，而不會說話的女人，則要靠自己的辛苦打拚才能在這個社會上生存！

唯有嘴巴甜一點，幸福才會多一點。姐妹們，嘴甜不用花成本，但很有用，因此請趁早學會用抹蜜的嘴去黏住輕盈的幸福！

嘴甜的女人最幸福

在百老匯裡一位喜劇演員，打拚了很多年，也沒能成就多大的名氣。他做夢都想成名，這樣，他的出演費就會高很多，也不必住在狹小的房子裡了。

有一天晚上，他做了個夢：夢見自己成名了，一個星期能賺十萬美元。在夢裡，他站在一個大劇院的舞臺上，給坐滿戲院的觀眾表演喜劇。他表演得很賣力，但整個表演過程中他聽不到一絲笑聲，謝幕時全場也沒有一個人鼓掌。

「即使一個星期能賺十萬美元，」他說，「這種生活也如同下地獄一般。」

說完後，這個演員就醒來了。

沒有肯定與讚揚的演員，賺再多的出演費也如同下地獄。在人生的舞臺上，如果沒有讚揚、掌聲的鼓勵，我們的生活也會如同地獄。一句「親愛的」，就讓老公百依百順；說聲「這套衣服簡直就是為你量身打造的」，就讓同事樂於和你共事；道聲「老闆，這次滿載而歸完全是因您的悉心指導」，能將外表冷漠的老闆說得內心溫暖……。

愛哭的林黛玉獨自哀怨地荷鋤葬花，而嘴甜的王熙鳳風光地八面威風。可見，嘴甜才是女人最厲害的武器。

一滴蜜勝過一桶毒藥

　　說話，對我們是太平常的事了。我們每天都要說話，而且說很多很多話。但說話的藝術可大有講究啊！俗話說，聽君一席言，勝讀十年書。有時候，往往是別人的一句話，讓我們豁然開朗。兄弟朋友之間一句話可能讓他們反目成仇；被關押的犯人一句話可能讓他們改過自新；等待救援的人一句話可能讓他們努力堅持。而這就是一句話的力量！一句話的力量可以改變人的一生，可以改變人生的軌跡。

　　一句話雖不起眼，但它的威力卻是不可估量的。某雜技團雜技演員小惠剛到團時，老師對她一點信心也沒有，因為年紀太大、身體又硬，老師根本不想收，最後打算給她三個月的培訓時間，看她究竟有沒有培養價值。在訓練期間老師幫同學們壓腿，其他同學都痛得哭鬧，而小惠不但不哭，反而以一句話「老師我不怕痛，妳再用力點」深深打動了老師，老師對她也有了信心。最後經過老師的培訓和她的努力，她在法國比賽時得了金獎。

　　不可否認，一句話帶給一個人的正面力量是非常強大的。但同時，一句話有時也會帶來強大的負面影響。有個賣酒商人，在與鄰居一起閒聊時，酒商開了個玩笑：「昨晚你們家12點了還沒熄燈，在幹嘛？在當小偷嗎？難怪我家的酒沒了，是你們兩個幹的好事啊！」話還沒說完，鄰居已經火

冒三丈當真了。兩個人爭執了起來，最後酒商嚴重受傷進了醫院，鄰居也受了傷，這就是一句話的威力，好好的一對鄰居竟成了仇家。

人人都喜歡聽好話、受讚美。別不承認，你要是不喜歡聽好話、受讚美的人，那真是一個無比英明的人！說你「無比英明」，你一定很喜歡，那麼，你歸根到底還是一個喜歡聽好話、受讚美的人。

威廉・詹姆士（William James）說：「人性中最深切的特質，是被人賞識的渴望」，林肯也說：每一個人都喜歡被讚美。在美國芝加哥發生過這樣一個案例：有位丈夫掐死了他的妻子，原因是他對妻子暢談白天的得意事時，發現妻子竟然睡著了。他感到異常惱怒，竟失手將妻子給掐死了。這說明人對被尊重、被賞識的渴望是何等的強烈。

西方有句諺語說：「一滴蜜比一桶毒藥所抓住的蒼蠅還多。」在生活中，女人一句「親愛的」，就讓老公百依百順；說聲「這套衣服簡直就是為你量身打造的」，就讓同事樂於和你共事；道聲「老闆，這次滿載而歸完全是因您的悉心指導」，能將外表冷漠的老闆說得內心溫暖⋯⋯。

嘴甜的女人超可愛

比起男人，女人的柔情攻勢占盡優勢。一個嘴甜、會說

好話的女人，隨隨便便一句甜言蜜語，就能把男人哄得服服貼貼。這樣的女人，也是最值得人們用心來愛，來呵護的。

嘴甜是女人內秀的外在表現，它包含了智慧的、深沉的、豐富的內涵，是女人以柔克剛的技巧，是保護自己自尊的藝術。它能化干戈為玉帛，使尋常的日子綴滿情趣的亮色。

那些嘴甜的女人會永遠保持微笑，她們不會先問候你賺了多少錢，而是會先讚美你的新髮型有多好看……別小看這種「菜市場式」的問候，這樣貼心的話語很容易讓人注意到她們的存在。

有心機的麗人王熙鳳第一次見到林黛玉時就大驚小怪地說：「天下竟有這樣標致的人，我今日才算看見了。況且這滿身的氣派竟不像老祖宗的外孫女兒，竟是個嫡親的孫女兒似的……」，她貌似讚美林黛玉，實際上句句讚美賈母，討賈母的歡心。就這樣，王熙鳳最終討到了賈府的大權。

過去人們說：「眼淚是女人最厲害的武器」，而現在我們則完全可以大聲說「嘴甜是女人最厲害的武器」。如同「禮多人不怪」、「嘴甜人不怪」——沒有人不喜歡嘴甜的女人。

所以，我們每天不妨多說幾句肯定別人的話、讚美別人的話，播下一些友善的種子。看到朋友買了一件新衣，稱讚一下穿上去很合身、很有精神、很漂亮或者很酷。也可以

打聽一下價錢，「遇貨添錢」的傳統讚美手法，永遠都不會過時。

生活中，美麗的辭藻是為數不多的免費「物資」之一。你不用花錢，就可以拿讚美當禮物送給別人。而接受你禮物的人，會回饋你感激與友好。除此之外，你還能享受感激與友好帶來的一切回報。

你炫耀，我傾聽

廣義的「嘴甜」，並非簡單意義上的「說好聽的話」。實際上，讓人心生愉悅的交談，都屬於「嘴甜」。

喜歡炫耀嗜好或專長是一般人的心理。然而，炫耀之心被人看穿後卻會害羞，並且想盡辦法保護自己的良好形象。因此，即使想大聲炫耀時，也會謙虛一番後才開始談論。

聰明的女人如果能利用這種心理，讓對方開心的談，對自己也有好處。例如在洽談生意時，不妨讓對方暢談自己的癖好，而妳則拚命點頭稱是，表現出敬佩的樣子，在對方心滿意足之後，自然可以促成交易成功。

在工作上普遍受人歡迎的人，多是能了解聽人炫耀的技巧。周豔是某公司的職員，她就是因此而人緣極佳。例如，星期一上班時，她看到上司曬黑了，便自然地比出握網球拍的動作，兩人的話匣子就此打開。剛開始時，上司可能會不

好意思而客氣地說：「其實我昨天打得不錯」，但很快就不時會露出得意地表情。如果上司是個釣魚痴，不妨說：「現在釣魚不簡單吧？」或「一天能釣到一條草魚就不錯啦！」等，即使對方成績不理想也不會難為情。因為這無疑是暗示對方，你能釣到一條，已經可以稱得上是高手了。

由於她是如此善解人意，大多數同事都樂於找她說話，她不但不厭煩，還會給予精神上的支援，難怪會受人歡迎。她就是以「聽話」增加與人的親密感。

接著談談她的聽話技巧。與人交談時，她完全扮演聽眾的角色，從不炫耀自己。比如說到打毛線，雖然同樣善於此道，但仍需耐心聽完，如果從中插嘴，自吹自擂一番，將使對方因洩氣而沒興趣繼續說下去。或者更有直言直語之人，當面揭穿對方，更是下下策。像這樣的說話態度，斷然不能與人和睦相處。

嘮叨是愛情墳墓

卡內基（Dale Carnegie）在他的《人性的弱點》中說過：嘮叨是愛情的墳墓。但是，很多女人並沒有意識到這一點，甚至認為自己的嘮叨是對他的愛，以為嘮叨可以改變丈夫的缺點。桃樂斯·狄克思認為：「一個男人的婚姻生活是否幸福和他太太的脾氣個性息息相關。如果她脾氣急躁又嘮叨，

還沒完沒了地挑剔，那麼，即便她擁有天下其他所有美德也都等於零。」

蘇格拉底的妻子贊西佩是出了名的潑婦，為了躲避她，蘇格拉底大部分的時間都躲在雅典的樹下沉思哲理；法國皇帝拿破崙三世、美國總統亞伯拉罕‧林肯都受盡妻子的嘮叨之苦。而凱撒之所以和他的第二任妻子離婚，是因為他實在不能忍受她終日喋喋不休的嘮叨。

許多男性在生活中垂頭喪氣，沒有鬥志，就是因為他的妻子打擊他的每一個想法和希望。她無休止地長吁短嘆，為什麼自己的丈夫不像別的男人會賺錢？為什麼她的丈夫寫不出一本暢銷書？為什麼她的丈夫得不到一個好職位？擁有一位這樣的妻子，做丈夫的實在洩氣。確實，奢侈浪費給家庭帶來的不幸遠遠比不上嘮叨和挑剔。李軻從大一的時候，就和劉輝談戀愛，大學畢業後一年，他們喜結連理。按理，他們結束了馬拉松戀愛，走進婚姻，應該是幸福的一對。可是，自從結婚以後，李軻的手裡就拿起一把無形的尺，只要見到丈夫就必須要量一量。丈夫洗衣服時，她會說：「你看看，這領口，這袖口，你連衣服都洗不乾淨，還能做什麼？」丈夫煮飯，她會說：「哎呀，怎麼不是太鹹就是太淡，一點標準都沒有，叫人怎麼吃呀？」丈夫做家事，她會說：「怎麼這麼笨，地也擦不乾淨。」丈夫辦事情，她更是滿腹牢

騷：「看你，連話都不會說，讓人怎麼信任你呢？」諸如此類，家庭雜訊不絕於耳。

剛開始的時候，劉輝常常是板著臉不吭聲，時間久了，他就開始和她頂嘴。他會說：「嫌我衣服洗不乾淨，妳自己洗。」然後把衣服往旁邊一扔，摔門出去。他還會說：「我煮飯沒標準，以後妳做，我才懶得做呢！」有時候，他也會大發雷霆，跟她大吵一架，然後好幾天兩人誰也不理誰。

過幾天，兩人和好了，但是李軻仍然改不了自己的習慣，仍然會在他做事的時候嘮叨不止，日子就這樣在吵吵鬧鬧、磕磕絆絆中過了幾年。終於有一天，李軻又在嘮叨他碗洗得不乾淨時，他再也無法忍受了，把所有的碗都摔在地上，大聲吼道：「妳煩不煩，看我不順眼，乾脆離婚算了，看誰順眼去跟誰過日子。」

李軻萬萬沒有想到劉輝會提離婚兩個字，她頓時淚如雨下：「我說你，還不是為你好？換成別人我才懶得說呢！要離婚，好，現在就離！」結果，劉輝甩門而去。後來，李軻在朋友的勸說下，明白了一個道理，那就是自己對丈夫不能太苛刻了。

其實，衣服有一件兩件洗不乾淨是常有的事；丈夫不是廚師，偶爾鹽放多放少更是小事一件；家務事誰都可能出點紕漏；一個人偶爾說錯一兩句話也是在所難免。而自己不斷

的嘮叨把這些常人都有的小毛病加以無限的放大，且還養成了習慣。正是因為她對丈夫的挑剔，才使得丈夫與自己越來越遠。

著名的心理學家特曼博士對 1,500 對夫婦做過詳細調查。研究顯示，在丈夫眼中，嘮叨、挑剔是妻子最大的缺點。另外，蓋洛普民意測驗和詹森性情分析 —— 兩個著名的研究機構，它們的研究結果都是相同的，它們發現，任何一種個性都不如嘮叨、挑剔給家庭生活帶來的傷害巨大。

在燒毀愛情的一切烈火中，吵鬧是最可怕的一種，就像被毒蛇咬到，絕無生還之望。而老婆對丈夫的嘮叨，就像滴水穿石，是最高明的「殺人」招式。

許多男人失去衝勁，而且放棄了奮鬥的機會，是因為他太太總是對他的每一個希望和心願猛潑冷水，像這樣的太太，只會使丈夫喪氣。嘮叨和挑剔帶給家庭的不幸，更甚於奢侈和浪費。

訴苦、抱怨、輕視、嘲笑、喋喋不休，喜歡嘮叨和挑剔的女人，在這些殘酷的待人方式之中，如果專精於其中某一項，就很厲害了。如果全部都很上手，那就是連鬼都怕的「整人專家」或「職業級殺手」。嘮叨就像吸毒，或許妳一時之間感覺不到它的破壞力，等它讓妳在無形中慢慢養成壞習慣，妳一生的幸福注定就此結束了。

女人要有自己的事業。專心工作就不會去想著如何防止男人花心，覺得老公不爭氣，嘮叨的機會自然也就少了。

閒時少論東家長西家短

有道是「靜坐常思己過，閒時莫論是非」，這話幾乎人人都知道，但能以此警醒的人卻不多。

俗話說「三個女人一齣戲」，只要有女人在，那麼世界就不會寂寞。連錢鐘書也說「有鴨子的地方，糞多；有女人的地方，笑聲多」，女人們聚在一起，總有說不完的話題，她們可以從衣服說到老公，從老公說到婆婆，從婆婆說到孩子……而且中間話題是如何轉換的，自己都不曉得。這本無可厚非：女人們的家長裡短，如同男人們談論的時事股票。如果說不談時事的男人不算真正的男人，那麼，不家長裡短的女人就不是真正的女人。

只是總有一些女人，是以此為終身的職業。她們有著任何動物所不及的最靈敏的耳朵，能夠捕風捉影。她們不僅僅是家長裡短，還加油添醋，甚至煽風點火。她們還鼓舌如簧，勝過春秋戰國時期的每一個說客，只是她們的巧舌不是用來為國效力，而是搬弄是非，是為「長舌婦」。

所以在人多的地方，不要隨便談論別人的是非。雖「古今多少事，都付笑談中」，但所「笑談」的多數是名人軼事，

想當然爾人們是不樂意自己淪為他人飯後談論的話題。但嘴長在別人身上，你管不了。雖說社會發展到今天，人們言論自由了，但若想獲取自由，首先得要尊重人，尊重別人其實就是在尊重自己，自尊自愛乃做人之根本。人靜心獨處時須常反省，檢閱自己是否曾有過失，有則改之，無則加勉；與人閒談時切莫妄論他人是非。

強制人議論是非屬於侵犯人權，私設公堂故意傷害必將構成違法犯罪。同樣，故意捏造並散布虛構的事實造謠中傷，貶損他人人格、破壞他人名譽，情節嚴重則構成誹謗，足以被起訴的。

有些人自作聰明，習慣斷章取義，有些人閒得無聊熱衷說長道短。當然，大多數人都比較忙，厭惡是非者大都潔身自好，不至於以牙還牙、以眼還眼，也不可能跟是非之人一般見識去綁住那些說三道四、加油添醋好事者的嘴，若親耳聽到謠言當然不會輕饒那些人，至少義正詞嚴令其無言以對、羞愧難當。

言過其實的謬讚令人耳癢，惡語中傷更令人所不齒。那些由嫉妒而生恨，因生恨而詆毀，因詆毀他人而自樂者，最終必是自取其辱。

有些話是說者無意聽者有心。在一次郊遊中，因為李女士的一句不算是假話的假話傷害了朋友。朋友七天都不理

她，講電話冷冰冰的。李女士後悔死了，她覺得自己做了一件世界上最愚蠢的事，傷害了一個自己非常在乎的朋友。可是這個世界上，從來沒有賣後悔藥的。

兩人之間的隔閡就此產生了。

當今社會新聞媒體、網路名嘴大師眾說紛紜，街頭巷尾、公園樹下乘涼道聽塗說，非議某人某事怎樣的話題層出不窮，但應就事論事、理性分析。我們能否從一件事情、一個故事中得到某種啟示，獲得真知才是關鍵。當然，有能力者善意製造幽默，活躍氣氛令聽者身心愉悅又何樂而不為？只是，保持心靈的純淨和清醒，更是難能可貴。

古語有云：「吾日三省吾身」。自我反省是一種自我認知的過程，是對現象的一種考量和對人性思索的前提。人必先認識自我繼而了解他人、認知世界。自省反映了一個人對於過去、現在、將來的態度。我們有必要靜下心來回想、展望，透過理性分析，以便確知、論斷並解決問題，或察覺過失進行補救。發生了不愉快的事情，不要一味怪罪別人，將心比心，如果每一個人都能為別人多考慮一點，何愁無法創造和諧？退一步海闊天空，忍一時風平浪靜。以為自己絕對不會有錯的人本身就是態度偏差，凡事皆有前因，方有後果。

「靜坐常思己過，閒談莫論人非」是良好的道德風尚。其實好論人非者，終必為人所論！敬人者，人方敬之；欺人者，

群起攻之。人們理應相互尊重，免於揭短，這樣做也是為自己的明天鋪路。莫要急於批評他人是非，談人是非事者，自己也就成了是非之人，當局者迷，旁觀者清的論調未必所向披靡！

即使置身局中也未必盡知局中諸事，況非局中人矣。

所謂「橫看成嶺側成峰，遠近高低各不同」，站在不同的角度、價值觀又不同，見解自然存異。是非對錯原本就難有一定的標準，用自我主觀的尺規去度量他人，如何得出客觀標準呢？

不隨意論他人是非，這是做人做事應當遵循的。常思己過，朋友會越來越多；反之，常論人非，仇敵會越來越多。自己把自己的路堵住了，自己讓自己無路可走。

不如，把說是非的時間用於修正自我、完善自我！智者專看自己的缺點，而愚者卻活在他人的是非當中！不再看他人的是非，用美麗的心靈觀察世界時，你將會看到世界是那麼美，人人都那麼可愛！連一草一木都顯得格外生機勃勃！一切境界皆在於心。

說「不」也能很動聽

習慣於中庸之道的臺灣人，在拒絕別人時很容易產生一點心理障礙，這是傳統觀念根深蒂固的影響，同時，也與當

今社會中的某些從眾心理有關。有時候，我們本想拒絕，心裡很不樂意，但卻點了頭，礙於一時的人情，卻給自己留下長久的不快。不敢和不善於拒絕別人的人，在實際的工作和生活中，往往就得戴著「假面具」生活，活得很累，而又丟失了自我，但又因為難於擺脫這種「無力拒絕症」，而自責、自卑。

做人不外乎就是活得快樂，如果只為了迎合別人卻委屈了自己，那麼，所做的事情不僅會得到相反的效果，而且自己也會活在不快樂的陰影下。

很多時候，我們說了太多的「好吧」：好吧我去，好吧我來做，好吧吃這個，好吧去那裡，好吧就這樣——用順從，成全了和諧，一切看起來順其自然，一切又注定暗潮湧動。

外表的強勢又能怎樣？當原則在一步步退讓乃至消失，最後變成順從或者屈服，所謂的強勢就狠狠地甩了自己一巴掌，火辣辣地。

不傷害別人的前提是懂得拒絕。突然有一天，他或她知道，原來你不愛逛那裡，原來你不喜歡吃這道菜，原來你不想幫這個忙，或者你根本不像表面那樣的在乎，此時的傷害，遠比在最初說一句「不」來得更大，更久。

你們尷尬地面對，原來這一切的和諧都是假象，如同說了謊話的小孩，手足無措，你拉著衣角怯懦地說：其實，

我是不想讓你生氣。對方不自然地扶扶眼鏡說：我一直以為……。那樣的場面，想來都讓人難堪，只恨自己不能暫時消失，挖個地洞……。

小吳不知道從什麼時候開始，只會一味地接受別人的請求，即便是很不合理的要求，她也總是很熱情地幫著別人。有時候自己還會不嫌麻煩地向別人提出某些建議，然後就會包攬了後面的全部工作，那時候的她或許只是為了讓朋友同事們高興。漸漸地，她覺得對於這種生活狀況活得有點累、有點壓抑。

突然有一天，發現身邊的人總是為了自己的一點點方便卻不顧她做那些事情是多麼麻煩的時候，她開始厭惡那些人，覺得那些人為什麼會這麼自私呢？為什麼只為了自己的那一點點方便卻害別人得做那麼多麻煩的事情。

其實，這些狀況是自己造成的，要是從一開始的時候懂得適當地對別人說「不」，到了現在別人就不會覺得那些事情是她理所當然要去做的。

在任何時候，要懂得適當地對別人說「不」，這是對自己的負責，也是對別人的負責。「不」是語言中最為重要，無疑也是最有力量的詞彙。顯示出了你是一個有「自我選擇權利」的獨立的人，這樣你就不會被逆來順受地對待。

一個簡單的「不」字，會難倒很多人。成熟、自信的人應

該明懂得，獨立的人應該有說「不」的權利，只不過 —— 說「不」的前提是理解尊重，是懂得藝術……。所以，我們學好它至關重要，有利於提高我們的工作效率和生活品質。

羅斯福在海軍任職時，有一位朋友向他打聽海軍在加勒比海一個小島上建立潛艇基地的計畫。

羅斯福向周圍看了一眼壓低聲音說：「你能保守祕密嗎？」

對方答道：「當然能。」

羅斯福笑著說：「我也能。」

羅斯福在風趣幽默中讓對方接受自己的拒絕，同時也讓對方有一個走下去的臺階，不至於在心理、情感上無法接受。羅斯福既守住了軍事機密，同時又維繫了朋友之間的友誼，不失為一種完美的拒絕。

想做個有求必應的好人並不容易，人們的要求永無止境，往往是合理的、悖理的並存，如果你不好意思當面說「不」，輕易承諾了自己無法履行的要求，將會帶給自己更大的困擾和溝通上的困難。

啟功先生是中國著名的書法家。1970 年代末，向他求學、求教的人就已經很多了，以致於先生住的小巷整天不斷有腳步聲和敲門聲，惹得先生自嘲曰：「我真成為動物園裡讓人參觀的大熊貓了！」

有一次先生得了重感冒起不了床，又怕有人敲門，就在一張白紙上寫了四句話：「熊貓病了，謝絕參觀；如敲門窗，罰款一元。」先生雖然病了，但仍不失幽默。

　　此事被中國著名漫畫家華君武先生知道後，華老專程畫了一幅漫畫，並題云：「啟功先生，書法大家。人稱國寶，都來找他。請出索畫，累得躺下。大門外面，免戰高掛。上寫四字，熊貓病了。」這件事後來又被啟功先生的摯友黃苗子知道了，為了保護自己的老朋友，遂以「黃公忘」的筆名寫了〈保護稀有活人歌〉，刊登在《人民日報》上，歌的末段是：「大熊貓，白鰭豚，稀有動物嚴護珍。但願稀有活人亦如此，不動之物不活之人從何保護起，作此長歌獻君子。」呼籲人們應該真正關愛老年知識分子的健康。

　　學會說「不」，小心地保護自己，沒有什麼不可以，待人的底線，是聽從自己的內心。在不情願的時候，有人情味地說出「不」，化解被拒絕者的不快，甚至周圍人的譴責。事實上，只有學會適當地說「不」，才能更好地表達出一個清晰、真誠，並且被人信任和尊重的「是」。

聲音是女人裸露的靈魂

　　聲音是五官之外的又一種性感能量。心理學家說，當別人看不到你時，你聲音的音色、音調和語速決定了你說話可

信度的 85％；65％的男人會對聲音性感的女人有特別的好感，也會因為女人的聲音決定對她的第一印象。聲音是人的第二張名片，好的聲音也會讓一個人的魅力升值。聲音是語言的媒介，讓我們了解外面的世界，美妙的聲音能帶給人美的感受。

「聲音是女人裸露的靈魂」，有經驗的人能從女人的聲音中感覺出女人的性情、體態甚至膚色和髮型。一個好聽的聲音，會讓人感到有一種歡喜的溫柔在一瞬間冒出，又似大海的潮汐輕輕地漫過來，更彷彿是一種魔咒，將人牢牢地吸引。一個聲音好聽的女人，很容易被人接受，而且據調查還發現，男女相愛，也多數源於聲音，聲音決定了愛的吸引與和諧。因此，國外甚至應運而生了專門的職場聲音教練，教人善加運用聲音。掌握了調整聲音的技巧，就能讓聲音變得性感起來。

有對男女一直在電話中談戀愛，他們不願見面就是因為十分迷戀對方的聲音。後來男人的事業發達了，不少女孩追他，但他就是只愛電話中的那女人。他最上癮的事就是聽女方講電話，他們在電話中跟現實一樣，不僅充滿柔情，而且還會吃醋生氣。他們非常喜歡電話裡的感覺，這感覺令他們無比自由和愜意。

通常情況下，女人的聲音就代表了她當時的態度和情

緒，也和她的脾氣有關。很多離婚的丈夫說最不能忍受的是她的聲音，要嘛是硬邦邦的沒有一點感情色彩，要嘛就是包含斥責、命令和不耐煩的口氣，甚至是大罵……。

有這樣一個故事：

有一天上午，女主人獨自在家，當聽到門鈴聲後打開門時，眼前的一幕讓她愣住了，一位彪形大漢手拿一把菜刀凶神惡煞地站在門口，婦人見此情形，很快就鎮定下來並面帶微笑溫和地說道：「喔，您賣刀啊？請進吧！」進屋後，女主人請他坐下，又熱情地為他倒茶，這一意外之舉令本想來搶劫的大漢不知所措，接著女主人又坐下來溫和地與大漢談論刀，還不時地討價還價。整個過程，女主人始終用一種親切的語氣和這位男子說話，一切都顯得如此的親切與從容。男子緊張的心情慢慢平靜下來，心中本要搶劫的念頭漸漸消散了，借機把刀賣給這位女主人，就趕快跑了。女主人的確憑著那溫和而親切的聲音打動了一個本來打算搶劫的男子，讓他迷途知返。

什麼樣的聲音具有那麼大的神奇魔力呢？毫無疑問，是透過「柔情」顯示出來的聲音，輕柔曼妙，如酷暑裡的清風，寒冬裡的陽光，就像一塊磁石，讓人不自覺地有靠近聆聽的欲望。女人溫順的聲音能征服和麻醉男人，越有陽剛味的男人，越容易被溫順女人的聲音俘虜。女人要男人辦事，

使用溫順的音調一定會成功。有人說女人溫順的聲音是酒，是看不見火卻正在沸騰的水。溫順聲音表面很柔，但實質卻像火一樣燙人。男人經常自吹是鋼筋鐵骨，但在如火的溫順聲音前，卻總是被融化得很柔弱。

女人的聲音以輕柔、圓潤為美，像一曲動聽的音樂，給人無限的憧憬、幻想、回憶。有些人可能會說，聲音是天生的，我天生的聲音就不好聽，這怎麼能做得到？話雖這麼說，但是我們可以改變自己，注意自己說話的語調和語速，語調抑揚頓挫，語速適中如溪水潺潺流來，這也同樣能給人留下美感。

其實，想要擁有柔美的聲音並不難。首先，妳要保有一個良好的心態，用一顆感恩的心去對待生活中的美，以平和的心去對待生活中的不如意，以寬容的心去對待另一半，心態好了，說話的語氣自然會充滿溫情。其次，妳還要不斷地調整自己的高音、強弱、音色，以期找到一個最好的效果。比如，一些女人天生大嗓門，說話就像跟人吵架一樣，肯定是缺乏溫柔的，所以就要適當地有意地降低聲音的音調，要讓別人聽起來舒服。

聲音輕柔，說話速度放緩，會增加自己的魅力。

在愛的面前，在一種柔軟聲音的蠱惑下，男人會選擇勇往直前。

1980 年代初，華人都會記住一個女人的名字——鄧麗君，她那甜美和清新的嗓音，讓男性浮躁和迷惘的心得到釋放並趨於平靜，甚至沉溺其中，忘記一切。那是怎樣的一種聲音，一經入耳，便讓人產生一種愛戀，一種迷惑，一種氤氳。它借助著空氣，緩緩地沁入每一個毛孔，每一寸肌膚。直到很多年後，依然念念不忘。

曾有人說，最愛看的電影，是那些或高貴或華麗或嬌憨或柔美的聲音貼切地表達劇情，語言與聲音的魅力在這裡表達得淋漓盡致。

須知，女性的聲音是敲開男人心靈之窗的有效利器。

懂得幽默的女人惹人愛

幽默是女人心靈的光輝與智慧的結晶，每當遭遇尷尬時，幽默的女人會進行調劑。這不但會使氣氛輕鬆活躍，還能為她的生活、工作帶來意想不到的收穫。

曾經有人把幽默總結為一種魅力情商數，一個女人如果擁有了幽默的特質，她不僅能在不知不覺中增加自己的魅力，而且能營造和諧的氣氛，因為幽默的女人往往透過會心一笑來填補人際間的思想溝通，連結人與人之間的情感，增進彼此的相互信任，只要幽默得體、適時，就能活躍氣氛，創造出和諧美好的氛圍，置身於此，人際交往才能心情舒

　　暢，精力充沛。而不懂幽默的女人，就像是沒有露水的鮮花，總是少了那種新鮮動人的韻味。

　　英國著名的偵探小說女作家阿嘉莎‧克莉絲蒂（Dame Agatha Mary Clarissa Christie），大部分時間都住在巴格達，陪伴著她那考古學家的丈夫，生活在又熱又乾燥的沙漠中。許多人都認為她嫁這樣的丈夫犧牲太大，不免為她惋惜。但是，阿嘉莎不以為然，只用一種幽默的口氣說：「其實一個考古學家，才是任何女人最好的丈夫。因為女人的年紀越老，她的丈夫在妻子的身上越能發現許多新樂趣。」

　　幽默是一種生活的大智慧，大家都喜歡聽幽默的話，就像喜歡聽動的音樂、欣賞美妙的文章一樣；和談吐幽默的女人在一起，就如同置身於蔚藍的大海邊或壯美的大山裡一樣讓人陶醉。

　　在漫長的「尊男」社會裡，男人其實很少真正去關心女人的看法或聆聽女人的意見。但在女人的幽默裡，也可擁有反彈回敬這些大男人的智慧光芒——或者說，聰明的女人，也懂得用幽默回贈一記耳光。莎莎‧嘉寶（Zsa Zsa Gabor），好萊塢女星，結婚 14 次。「當然我會恨男人，但不至於恨到用他送的鑽戒來扔他。」「因為不愛他而跟他離婚，就跟當初因為愛他而跟他結婚是一樣的愚蠢。」

　　男人也不完全是視覺動物，除了妳的打扮會讓他賞心悅目外，他也喜歡聽妳的甜言蜜語。幽默的女人是最可愛的，

她總是能適時地在一池清水中激起點點漣漪，使得平日裡瑣碎的生活更增添幾分韻味與情趣。

幽默的女人是智慧的，因為幽默更具備一定的文化底蘊，兼具才氣與靈氣，也就是所謂的智慧。

幽默的女人總是樂觀的，因為幽默的人其機智反應並非只是能言善道，也是一種快樂、成熟的達觀態度。當她身居險境之時，並不會因此沉淪喪志，總能開朗豁達、從容不迫、笑對人生，從而領略到人生的別樣風景。

幽默的女人總是有品味的，欲求幽默，必先有深遠之心境，不為浮名，做人不濫調，不扭捏作態，淡雅超脫而率真，比那些愛慕虛榮，迂迴忸怩，惺惺作態的女子不知要可愛多少倍。她會用帶笑的心去體會生活，化解生活上的一切問題，這樣的女人，必然自在、自信、優雅。

有個女人生病住進了醫院，因為病房比較高級，而她的經濟條件達不到。於是，她準備換房。負責查房的是一個性格陰鬱的護士，臉上很少有笑容，其他病人都說跟這樣的護士說一定不行，沒法溝通。

當護士來查房時，女病人說：「護士，請把我安排在三等病房吧，因為我很窮。」護士聽完，緊皺眉頭，她剛為別的病房病人欠費又不走而大發了一頓脾氣，現在又碰到要換房的，以為住旅館喔，真是煩人！她沒好氣地問女病人：「沒有人能幫助妳嗎？」病人如實回答說：「沒有。我只有一個姐

姐,她是修女,也很窮。」哪知護士聽後撇撇嘴,揶揄地說道:「修女還會沒錢?誰不知道她們很有錢,因為她們和上帝結婚了。」

女病人沒想到護士會這樣諷刺自己,她十分生氣,用自己特有的幽默回敬道:「好,那就麻煩妳安排我在最高級的病房吧,以後妳把帳單寄給我姐夫就行了。」

誰知護士聽後臉上露出了難得的笑容,她被女病人的幽默逗笑了,感覺心情不再鬱悶,也詼諧地說:「那就算了吧,我去找上帝的差旅費,醫院不給我報銷啊!」其他病人也都笑了。

懂幽默的女人必定是樂觀的,她心胸開闊,哪怕是走到人生的低谷,也會微笑面對,在她的笑聲中,人們可以聽出她的希望;一個心胸狹隘、思想頹廢的女人是不會有幽默感的;懂幽默的女人必定是開朗自信的,她不一定會向所有的人敞開心扉,但她懂得與人分享她的喜怒哀樂,她不會把事情憋在心中,每天鬱鬱寡歡,她有一個健康的心態;懂幽默的女人必定是寬容的,她不會斤斤計較,她懂得與人為善。即使別人傷害了她,她也不會與人針鋒相對,硬碰硬地拚個妳死我活。

幽默是難得的品格,代表一個女人爽快與遊刃有餘的氣度,一個幽默的女人永遠不會嘮叨八卦,她既感性又兼備理性,女人味悠長雋永。

第五章　嘴巴甜一點，幸福多一點

幽默的女人，是男人的焦點，是吸引人的鑽石，她的璀
璨會讓每個人為之動心。所以，為什麼不幽默起來呢？

第六章　氣質也是一種力量

有氣質的女人如一杯茶，令人回味無窮；有氣質的女人如一幅畫，令人神清氣爽；有氣質的女人如一塊玉，令人越戴越暖；有氣質的女人如一本書，令人百讀不厭。氣質是一種修養，在城市流動的喧囂中，洗鍊一種超凡脫俗的「寧」與「靜」，面對人間滄桑，妳會嫣然一笑。

氣質是一種個性，蘊藏在差異之間，只有不斷創新，才能擁有與眾不同的韻味，成為一個讓人一見難忘的人。氣質一旦養成，就從人的骨子裡冒出來。待人接物、工作學習、友人團聚乃至閨房中的竊竊私語，無不表現出氣質的力量。

氣質美女永不老

有人說張曼玉是貓，她的眼睛不論何時都熠熠閃光；有人說張曼玉是薄荷，她的笑容隨時隨地讓你透心清涼；有人說張曼玉是小品文，輕靈含蓄言簡意賅。她潛入無數人心底，不老地笑著，不老地美麗著……。

張曼玉，這個「被時光雕琢的美女」，用她美輪美奐的氣質，征服了無數影迷。氣質是優秀女人貼身的黃金盔甲，是女人纖纖玉手中的利斧，可斬除路上的荊棘，可斬除身邊的煩憾。

真正有氣質的女人具有一分柔情，二分優雅，三分浪漫，四分智慧。柔情來自於關愛，來自於善解人意；優雅來自於從容，來自於自信，來自於內秀外美的和諧統一；浪漫來自於純真，來自於熱忱，來自於骨子裡的萬種風情；智慧來自於閱讀，來自於體悟，來自於對生活不倦的追求。

女人味：女人的專利

聽過這樣一句話：「征服男人的，不是女人的美麗，而是她的女人味。」

女人味是一種很複雜的「味道」。而且，隨著時代的變遷，女人味的內涵也在不斷進化。一般人們談起女人味，

總是會聯想到性感、嫵媚，聯想到丰姿綽約、風情萬種的女人，似乎只有這樣才是女人味。一直以來，女人味的評判始終都是男性視角。然而，現代的女性們已經有了更廣闊的自塑空間，一些未曾完全逝去的傳統規範，也早已無力承諾女人的終身幸福。她們在困惑中空前成長，她們在思索女性生活課題的時候，也為自己鋪展了一條更加廣闊的生活空間。因此，女人味的內涵也就變得寬廣和深遠。

擁有女人味的女人，個性活潑，但絕不張揚；說話調侃，但不過分；化妝精緻，但絕不濃豔；很多人爭著想做張藝謀的女主角，好像他的手能點石成金，化腐朽為神奇。其實不是這樣，他只是會選人，他選的人不漂亮，但有韻味，是能夠細細地、長久地品味的那種韻味。

女人味會隨時間的流淌漸漸濃郁，這其中，女人有從書本上學來的，有從男人那裡學來的，有從生活中學來的。一個懂得漫漫吸收的女人，也懂得漫漫釋放能量。女人味讓人舒服得不覺其存在，而失去它便悵然若失。

有女人味的女人很會理智的做老公的溫柔情人，要獲得老公永遠的青睞可不容易。雖然說愛情不是女人生活的全部，但太多的期盼只會在將來化作沖天怨氣，不如做老公永遠的情人。

她們還會用肢體語言，脈脈含情的目光，嫣然一笑的神

情，儀態萬千的舉止，楚楚動人的面容，勝過千言萬語。她們還會善待自己，不管任何時候不傷害自己。情場失意，事業受阻只會帶給她短暫的情緒低落，她們會學會關愛自己，因為良好的健康狀況對現代人很重要。她們還會控制自己的情緒，不滿意時深吸一口氣，告誡自己不要驚慌失措或亂發脾氣，不將私人的情緒及壞脾氣帶到公司，或者將公司裡的不愉快延伸到家中。

具有韻味的女人不一定很漂亮，但可愛。她們將自己修飾得賞心悅目，不追求潮流，卻獨具匠心，昭顯個人品味。她們懂得運用語言藝術，從不會在觀點不一時將自己的意見強加於人；輕鬆地化解無聊的玩笑，既不會板起面孔製造尷尬，也不會不聲不響地照單全收；有時候也會小小的叛逆，不願意做沒有主見的乖乖女，常有新鮮的、與眾不同的想法和觀點；不會隨聲附和，能禮貌而堅定地陳述自己的不同意見。

女人味是女人的根本屬性，是一種內涵，是女人的天性。男人眼裡的女人味多是溫柔、嫵媚、風情萬種、儀態萬千，但今天的女人味，早已多出了一些新的內涵。

沒有女人味的女人，任妳如何修練也只能是淺顯的蒼白。記得《花樣年華》裡張曼玉的精緻旗袍和《羅馬假期》裡赫本的髮型，那都是流於表面的膚淺。只有滲透她們骨子裡的柔媚，懂得她們靈魂的本質，才能看到一個時代下光怪陸

離的社會現象。

作為女人，有好的修養自然就有上等的格調和品味，就有大家風範。修養可以說是高雅女人的最高追求與境界，它能賦予女人神韻、靈性，如畫龍點睛之筆，讓一個人鮮明、生動起來。

現代女性，既要有一定的常識、修養，能適應激烈的社會競爭，又要具備一定的情趣。她應該博學多才、聰明機智、端莊秀麗、做事細心、善解人意、舉止大方、談吐文雅、禮儀周全，是一個有著女人味的女人。

不管妳是白領還是藍領，在閨中也好，初為人妻也罷，作為女人的妳，永遠不要大搖大擺、冒冒失失。要記住，凡事有分寸；要懂得「萬綠叢中一點紅，動人春色不需多」的規則，具有以少勝多的智慧；憑藉一舉一動，一言一語之優勢，昭顯至善至美，暗香浮動。

女人味是什麼？是一種文化；是一種氣質；是一分內涵，是智慧、是技巧、是積累，還是……也許，只可意會，不可言傳。做個很女人的女人，應該是幸福的。

練就自己的招牌微笑

一道普通的考題考倒了眾多考生。某航空公司招聘空姐，300 餘名應試者微笑不過關，慘遭淘汰。應試者依 10 人

一組的順序進入考場，在進行 20 秒的自我介紹和簡單詢問後，是否會微笑成為面試成功的關鍵。「只有具親和力的微笑才能感染乘客。」負責人說，「我們是不喜歡『冰山美人』的。」

有關人士表示，當空姐除了整體形象要好，最重要的是要有親和力、會微笑，比如在笑時要求露出 8 顆牙齒，當然笑過頭也不行。

不知你是否留意過，那些名人或者明星往往都有一些特有的招牌微笑。宋慧喬的笑容，讓觀眾覺得她既美麗又溫柔。劉德華、裴勇俊則是以健康、陽光的招牌微笑，讓眾多女性為之痴狂。像當年的戴安娜王妃，她經常微微低頭，眼睛往上看，然後慢慢的笑開來，這就是她含蓄的招牌微笑。那一低頭的溫柔，像一朵水蓮花，不勝涼風的嬌羞。

你可以對著鏡子練習尋找，當不止一個人對你說「你的笑容真好看」的時候，也許你就成功了。當然，招牌微笑贏在自然，如果矯揉造作，讓人感覺東施效顰，那就得不償失了。

曾有一個故事讓所有的推銷員奉為經典。

某公司位於鬧區，上班時間經常有小商販趁保全不注意，偷偷溜進辦公大樓，推銷商品。

有一天，一個年輕人敲門走進這棟辦公室，禮貌地說：

「對不起，打擾一下，請問你們是否需要電腦清潔紙巾？如果需要，我可以給你們優惠。」專心工作的職員們深受其擾一臉不悅，給他冷冰冰的臉色。他並沒有沮喪，微笑說：「不買也可以啊，容許我給你們試一下產品好嗎？」還沒等他們同意，他很快拿出一包紙巾擦拭電腦上的汙垢，但並沒有人買他的帳。見狀後他還是禮貌地說：「對不起，打擾了，再見！」

過了一會兒，他又來了，說：「你們長官說了，需要這種產品，請你們考慮考慮好嗎？」一個同事開玩笑地說：「長官需要就讓長官買，請你還是走吧！」他並沒有因為這些人的冷漠而放棄可能贏得的希望，努力詳細地介紹他所推銷產品的性能和好處。最終，誰也沒有理睬他，他只有微笑著離開了。

第二天他又來了。還是一樣的誠懇、一樣的期待；我們一樣的冷漠、一樣的臉色。但令我們納悶的是，無論我們對他怎樣，他臉上始終洋溢著笑容，微笑著進來，微笑著離開。

第三天他還是來了，但得到的還是同樣的遭遇。我們以為吃了幾次閉門羹的他會放棄，第四天不會再來了。沒想到第四天他又準時出現在辦公室內。我們被這種執著的精神所感動，買了他1千多元的產品，他眼裡立即閃出勝利的光芒……。

臨走時，有一人一改往日的冷淡熱情地問他：「我真佩服你，難道你遇到這樣的尷尬，沒有想過要放棄？」

　　他的一句話擲地有聲：「沒有一塊冰不被陽光融化！沒有人拒絕微笑！」沒有人拒絕微笑，且這種執著的微笑精神，往往是邁向成功的道路。

　　笑容是一種令人感覺愉快的臉部表情，它可以縮短人與人之間的心理距離，為深入溝通與交往創造溫馨和諧的氛圍。因此，有人把笑容比作人際交往的潤滑劑。

　　網友投票，最佳「微笑達人」是師奶殺手裴勇俊和名模林志玲。為什麼呢？牙科醫師這樣分析：「這是牙齒的功勞！如果仔細觀察林志玲與裴勇俊的微笑，會發現兩人在笑的時候都露出 8 顆貝齒，這是微笑的黃金比例。」

　　林志玲這甜甜一笑，露出一口白皙亮麗的貝齒，這麼美的笑容就是因為她連牙齒都是黃金比例。牙醫師說，除了門牙不能太大，最美的微笑只能露出 6 至 8 顆貝齒，而微笑時下脣的弧度也必須和上排牙齒弧度一致，才能遮住下排牙齒。

　　除此之外，一般牙齒的形狀要符合個人臉蛋倒過來的形狀，搭配起來才會自然；牙齒的色澤要晶瑩剔透、白皙亮麗。如果各種條件符合，就能擁有林志玲般黃金比例的美齒。

　　面露平和歡愉的微笑，這樣的人才會產生吸引他人的魅

力，以不卑不亢的態度與人交往，能使人產生信任感，容易被別人真正地接受。

真正的微笑應發自內心，滲透著自己的情感，表裡如一。毫無包裝或嬌飾的微笑才有感染力，才能被視為「參與社交的通行證」。

奧運會捧著獎牌的女孩們給世人留下美好的印象，就是因為她們笑得美好，笑得好看。當然，她們練習得也很辛苦。把筷子橫放咬著，咬的位置在微笑要露出 8 顆牙齒的那個位置上，微笑時嘴巴就張開到筷子那麼大，持續練習後就成了標準微笑。

很多漂亮的美女在鏡頭面前笑起來非常不自然，這在廠商選擇模特兒時會失去機會，笑要由心開始，真正從內心散發出來，自然美麗！可以對著鏡子練習妳的笑，直到可以感動自己……。

站成一棵亭亭玉立的樹

看到伸展臺上的模特兒時你的第一印象是什麼？漂亮、魅力十足。其實最重要的是他們在不經意間流露出的自信。要擁有自信的外表，最簡單的方法就是抬頭挺胸收腹。問題是一般人不習慣費力地整天保持這樣的姿勢。我們習慣駝背站立，因為這樣比較舒服，另外多半也是因為缺乏自信心不

想引人注目。但你相信嗎？雙肩向後靠，抬頭挺胸收腹的動作可以馬上顯露出你的自信與優雅，尤其在派對上。首先，此舉讓你看起來身材更高挑，人也更有氣質；其次，它能讓你整體造型更顯魅力 —— 當你駝背時，人們的關注焦點會是你的不自在與害羞，而忽略了你的美麗；最後，抬頭挺胸收腹能幫助你從內到外展現信心與風采，這樣的你大家都會想認識的。

著名的功夫巨星 —— 成龍曾經說過：他年輕的時候非常不拘小節，坐椅子總是把一條腿放到椅子扶手上晃來晃去，一副玩世不恭的模樣，好像很跩很酷，結果成為不受歡迎的人。後來他從小事做起，注意細節，勤奮打拚，終於成就了人人尊重的國際巨星。

一個女孩被她的金龜婿帶去見家長。當時門沒有開，男友說，他先去鄰居家看看。等到男友攙著母親回來時，那女孩正靠在牆邊，其中一條腿還百無聊賴地晃來晃去。她見了男友的母親，很親切地打招呼。可是最後，他們還是分手了。也許你們都猜到了。是的，男友的母親不喜歡她很不優雅的站姿，認定這樣的女人不能成為她的媳婦。

站立是人們生活、工作及交往中最基本的舉止之一。正確的站姿，是對一個人行為舉止最基本的要求。實際上是良好家教的展現，在社交中會給別人留下更好的印象。

站立使全身筋骨、肌肉形成一條線，呼吸氣血暢通。透過深呼吸使人體吸入大量氧氣，氧能助燃，能燃燒體內的脂肪，是對減肥最直接、最有效的方法。此外，保持良好的心態，能促進內分泌產生有益健康的激素，尤其是酶類和乙醯膽鹼等。這種珍藏在人體內部的奇妙物質，會把全身的血流量、腦流量和神經細胞的興奮度等調節到最佳的狀態，從而增強你身體的免疫功能，煥發青春的活力。

挺胸抬頭，不僅能讓胸腔呼吸到更多新鮮空氣，還能讓身體「長高」，讓身體年輕，還能讓你看得更遠。

也許大家可能都看過這樣的人：他（她）打扮得不男不女，斜腿靠著路邊的小樹，跟人說話時，斜著肩，全身扭動、東張西望，嘴裡還不時朝地上吐痰。如果有人要你和他（她）交朋友，我想你一定不願意。因為你覺得這個人輕薄，沒規矩，讓人討厭。

縮肩駝背、站立時腿膝無力、臀部下垂，這些不良姿勢不僅影響美觀，還會導致虎背熊腰、臀部鬆弛下垂等體態問題。

在人們的印象裡，明星們似乎總是光彩動人、氣質高貴。其實，很大程度上這是得益於優雅的儀態。如果儀態稍有不慎，立刻就會「原形畢露」，讓人跌破眼鏡！

優雅的舉止或動作的基本功在於姿勢。站姿是一切儀態

之首。優美的站姿會讓人馬上有苗條高䠷的感覺，讓人看起來至少年輕 5 歲。女性站立的姿勢美不美，直接關係到妳的形象。學會優雅的站姿更是成為優雅美女的第一步，所以，妳的站姿一定要優美、典雅，亭亭玉立。

正確的站姿應該要把肩膀向後靠、收腹，讓頸部與背部保持一直線，而不是脖子向前突出。最後，儀態與自信是妳在人群中脫穎而出的關鍵，優雅的姿態能給他人留下深刻美好的第一印象。

站立的時候注意不要做一些有傷形象的小動作，像擺弄衣角、髮梢、背包等，這種姿態顯得小氣、拘謹，給人一種怯生生的感覺。雙手抱胸則會給人一種傲慢和不可親近的印象。若在聽人談話時用雙腳交叉的站姿，看起來是排斥和審視的態度，也是不安、緊張心理的流露。過於隨便的姿勢也不可以：靠著其他物體，伸長脖子、駝背、身體歪斜，或是兩腿打開距離過大，雙臂交叉或雙手插腰，遠遠看過去如同魯迅先生筆下描繪的豆腐西施，「像一隻細腳伶仃的圓規」。

挺胸收腹，肩部放鬆，兩腳跟要併攏，或者雙腿靠攏呈小八字或小丁字站法，身體重心要放在前腳掌。這時候雙手可以相疊，輕輕地放在身體的前面（胃部或腹部），也可以雙臂自然下垂；背手站立的姿勢也可以。

頭部一定要擺正，目光平視，背要挺直，下巴微微往後收，你要感覺好像有一條線從頭頂穿到腳底，並且覺得有人

在頭頂向上拉，這樣就站直了。這樣的站姿是具有充分自信的表現，並能給人一種「氣宇軒昂」、「心情樂觀」、「愉快」的印象。

很多時候你做出什麼樣的姿勢就會有什麼樣的精神狀態，注意自己的站姿不只會給別人留下一種優雅的印象，自己也會變得神采奕奕。富有修養的站姿不僅要挺拔，還要優美和典雅。

起立、坐下、行走是我們日常生活中最頻繁的行動，往往可以反映出一個人對工作、生活的態度，表現一個人的心境。讓我們大家注意站有站相，坐有坐相，讓我們的每一天過得積極而有意義，在工作、生活中都成為備受歡迎的人吧！

讀書是不過時的美麗

古人早就說過：腹有詩書氣自華。知書達理，有知識作為底蘊，女人才會大方自信，才會有正確的待人處世方法，才會言談幽默有趣，才會舉手投足間風度翩翩，才會有高雅的格調與趣味，才能進退有度，自然得體。

讀書的女人，較少一直沉淪悲苦，較少無望地孤獨惆悵，較少怨天尤人，較少刻毒卑劣，因為書中美好的光明日月積累得浸染著她們的節操，所以讀書的女人一定會溫和、

善良、美好，是淑女！

　　書對女人的功效不像睡眠，睡得好的女人，容光煥發；失眠的女人，眼圈發黑。讀書和不讀書的女人在一天之內是看不出來的。書對於女人的功效，也不像美容食品，獲得滋潤的女人，駐顏有術；滋潤得不好的女人，憔悴不堪。讀書和不讀書的女人，在 3 個月之內是看不出來的。書就像微波爐，從內到外震盪著我們的心，徐徐地加熱，精神分子的結構就改變了，書的效力就凸顯出來了。

　　娟子出生於書香世家，從小她就在當老師的父母薰陶下，讀遍中外名著。她長得並不漂亮，但她走在花團錦簇、濃妝豔抹的女人中間，格外引人注目。是氣質，是修養，是渾身洋溢的書卷味使她與眾不同。「腹有詩書氣自華」，對於她再合適不過。

　　跟她說話總能使人神清氣爽，俗氣全消；跟她往來常使人了無城府，陽光燦爛。的確，一個女人，在讀過充足的好書後，她會變得很優秀，因為書給了她底氣，薰陶她至真、至美、至純的情感，使她變得溫文嫻雅，善解人意，充滿書卷氣息。

　　書讓女人變得聰慧，變得成熟，使女人懂得外表包裝固然重要，然而更重要的是心靈的滋潤。「和書籍生活在一起，永遠不會嘆息。」羅曼‧羅蘭如此勸導女人。

因為愛讀書的女人，她不管走到哪裡都是一幅美麗的風景。她可能貌不驚人，但她有一種內在的氣質：幽雅的談吐超凡脫俗，清麗的儀態無需修飾，那是靜的凝重，動的優雅；那是坐的端莊，行的瀟灑；那是天然的質樸與含蓄混合，像水一樣的柔軟，像風一樣的迷人，像花一樣的絢麗……。

讀書的女人，底氣十足，她勇於素面朝天，心清氣爽；居室簡陋，她耐得住寂寞。身居鬧市，卻能遠離紅塵的虛榮與喧囂。

愛讀書的女人，視讀書為人生最大的快樂。當別的女人正津津樂道於時尚流行、說長道短時，她正陶醉在書的世界裡，淨化自己，充實自己，憂傷著自己，快樂著自己。偌大的閱覽室內，愛讀書的女人一個人坐著讀書，整個世界都是自己的，沒有嘈雜，沒有紛爭，沒有虛偽，沒有疲累，只有愉悅愜意。

愛讀書的女人，更愛家庭。家，是她幸福的源泉。她把孩子看成自己一生中最傑出的作品。孩子是最原始的自然，孩子擁有的天真、清純是她追求嚮往的境界。她把丈夫看成一生中最耐讀的書，有情味，富哲理。丈夫是座山，自己是山間溪水，山因水有靈性，水因山而歡騰。山水相依，奏出美妙的生活樂章。

愛讀書的女人，她的美，不是鮮花，不是美酒，她只是

一杯散發著幽幽香氣的淡淡清茶。

讀書能使人變得睿智與坦蕩，讀書能使人修德養性、智慧無窮、目光遠大、美化心靈。高爾基說：「請愛好書吧，它將使你的生活簡單化；它將友愛地幫助你了解感情、思想、事變的各個方面和複雜的混合；它將教你尊敬別人和你自己；它將帶著對世界和人類愛的感情，給智慧心靈羽翼。」

讀書的女人，她們以聰慧的心，寬廣質樸的愛，善解人意的修養，將美麗寫在心靈。女人書香滿懷，是一份永不過時的美麗。讀書是不分年齡界線的，年年歲歲都是女人讀書的芳齡，讓從現在開始也不遲！

矜持一點才有女人味

感情是兩個人的，存在雙重幻想，也許你沒有那麼好，對方卻提前把你幻想得那麼好，這種朦朧的感覺一旦定格，一個人就成為另一個人的夢！

有人曾說過：「誘惑男人的最佳方法，就是不要讓他輕易得到手。」男人是很奇怪的「肉食」動物，妳越是溫順，他就越提不起精神來，妳知道亞歷山大大帝唯一的一次哭泣是在什麼時候嗎？是在他再也找不到可以征服的對象的時候！

矜持的女人無疑是比較聰明的女人。男人是攻擊型動物，女人是防守型動物。她們知道如何不輕易被男人看出她

們骨子裡想要什麼。

　　矜持，但雙眸含秋十指帶香，保持一種很有張力的距離感，是讓男人們最頭痛但又不得不緊追不捨的美妙狀態。不愛妳的人，看不出妳刻意留下的距離；愛妳的人，自會為這段曖昧有致但又觸不可及的距離而興奮不已。

　　不管妳是白領還是藍領，待字閨中也好，初為人妻也罷，作為女人的妳，永遠不要大搖大擺、冒冒失失。要記得，太奔放會嚇跑人。女人害羞的樣子，真的很可愛。

　　女人要有矜持。大搖大擺永遠只會讓人對妳產生性別錯亂的印象，而含蓄矜持卻能為妳帶來某種神祕感，也更能激發人的探索和親近的欲望。

　　某「最美女星」的讀者票選活動中，許多讀者闡述了他們選擇的理由，更描述了他們心目中「美麗女性」所具備的一些特點：低調、矜持、快樂、高尚。

　　矜持，永遠是最高品味。

　　在戀愛的過程中，還是給男人們一些不大不小的阻力，讓他總是有一種渴望，一種徹底了解妳的渴望，這才是真正會愛和懂愛的人所要經歷和做的，因為愛本身就是一場戰爭。

　　面對愛情轟轟烈烈，主動權是取決於男人，女人若不想失去夢想的愛情，還是要矜持的好。當一個女人遇到她生命

中真的很喜歡，甚至更高層次愛到無法自拔的情況裡時，如果妳為了接近，而失去了女性本身應有的矜持，只會讓那個男人滋生更加看不起妳，更加輕視妳的心態。的確就是這樣，他不會去想是否應該好好珍惜妳，去發現妳的好，他只會認為妳是自願送上門的，儘管他不會放過送到嘴前的肥肉，但卻不會珍視妳，而只是吃完後抹乾嘴巴而已。這是人的通病。

　　曖昧的矜持，其目的不是要拒人於千里之外，而是要讓他一直保持高度的進攻狀態，也是為自己留一點後路，他不會因此而不理妳，只會對妳更加尊重，被別人喜歡是容易的，但是讓別人尊重就需要付出一定的努力。只有這樣的愛，才會高貴而華麗。當然這個分寸是握在妳的手裡，如果太過就會讓他遠離，所以也要適當哦！

　　矜持是一門學問，矜持的分寸很難拿捏，目空一切的矜持是傲慢，謙虛的矜持是含蓄，怯弱的矜持是拘謹。矜持應是羞澀美麗的溫柔，是細膩的、柔情似水、小鳥依人，是女人美麗的綻放。女人要保持矜持，給愛妳的人，一種新鮮與神祕感覺，對人如對花，日日相見日日新，時時不能放棄，愛戀妳，依賴妳，而不會離開妳。

　　聰明女人，適時運用矜持。工作中，做錯事情，要勇於承認，雖得到相應的處罰，但在人們心裡，卻得到尊重，在

上司心裡，地位會因而提高。

矜持是一種修養，遇事鎮定自若，做事不卑不亢；矜持是一種體貼，寒冷時送給妳溫暖，傷感時給予關懷；矜持是一種氣質，外表孤傲高雅，內在溫柔清新。

樂於做一個暗香浮動的女人。一定要記得，只有帶刺的玫瑰，才能矜持地開，純潔地香。千古傳統並非沒有道理。

從骨子裡散發出的性感

說到性感，很多人把女人與美麗、豐滿、野性等詞聯想在一起。這僅僅是視覺上的性感。最有魅力的性感是超越視覺的，是成之於內而形之於外的自然結果。

「裸露」一詞或多或少帶點敏感的意思，但無可否認裸露的時尚早已啃噬了我們的生活，尤其在這個不斷提倡「越裸露，越性感」的時代裡。看來，無論風向怎麼流轉，裸露的性感永遠是時尚圈中永不落伍的法則，只是表達的方式有所不同罷了。不同的方式，不同的概念，無非就是反覆灌輸我們視覺這種概念：與其羞答答，遮遮掩掩地「展現」自己對性感的渴望，還不如把自己「裸露」成一種時尚的自信，一種美的回味！

性感是一種方式，它是一種演繹時尚的品味，裸露卻讓這種品味變成某一種讓人想入非非的格調。

現實生活中，女人露與不露，露到什麼程度，確實需要掌握分寸。但這個分寸沒有人能界定，著實需要裸露者有個正確的心態。但，如果讓女人絕對不露那是不可能的。除非這個世界沒有女人，也沒有美麗和漂亮這兩個詞語。女人天生是藝術品！男人只是這件藝術品的架子。

　　張曼玉說：我在很多年前就提倡「越裸露，越性感」，女孩，裸露一點是很好的，因為其實只有擁有自信的人，才會勇敢地將自己展示出來，有些氣質好的女孩，穿了裸露的衣服，反而會顯得更加高貴，雖然有些也會顯得比較 cheap（廉價），但這其實也沒什麼，至少說明她很有自信，只有自信，才有勇氣這樣。華人大多穿著太過保守，這樣其實不好，女人應該勇敢地將自己的肌膚裸露出來，女人應該性感，應該裸露。如果在裸露的基礎上，再加一些配飾，那就太棒，太有個性了。

　　當然，只要裸露就一定性感這絕對是誤會，因為女人真正的性感只有女人自己才能體會得到。所以，服裝時尚界那麼多大牌設計師對服裝的感覺大多都帶上女性的色彩，他們能挖掘出女性深處的性感和感性。其實，有時女性只是露點鎖骨，也讓人覺得特別性感。

　　香港時裝設計師張天愛就曾指出，性感更多的是內在的審美，是一種個性的展現，只是，有這些基礎，透過一定的

穿著、裝扮方式，才能更傳神。不是靠外在的肌膚有多露，就能達到性感的目的。穿泳裝不一定就是性感，穿包的緊緊的套裝不一定就不性感。但穿的少一點，多裸露一點，很容易讓人聯想到那就是性感。像中空裝，我個人認為，這不是性感，只是流行而已。而緊身的 T - Shirt，毫無裸露的成分，在我看來卻異常的性感。有時遮遮掩掩的裸，若隱若現的露卻比大片肌膚的裸露性感得多。更多時候，無論男人，女人，在小面積的裸露肌膚上，佩戴上一些飾品，都是極品的性感。

性感是獨立、是自信。裸露，是一種方式，如果是美學的裸露，這樣的性感是不用懷疑的。舉凡女性要展露自身性感，必得適度暴露，一個不懂得暴露的女人，是不解風情的；但太過暴露的女人，就根本不知風情是何物了。暴露尺度的拿捏，便是一門藝術。領口的深度、臀胯及下擺開衩的高度、後背露白的低度等，涇渭只差之毫釐，卻往往謬以千里。

最能展現華人女性特色的衣服 ── 旗袍，電影《花樣年華》裡，張曼玉用自己的妙曼玉體，將旗袍的精妙演繹得美輪美奐，隨美體左右搖曳的旗袍充溢著讓人欲罷不能的性感誘惑，使觀者如幻如真。當年影后蝴蝶和電影明星阮玲玉盡展風情媚惑之美，則是對旗袍的另一番傾情闡釋。

而時下新銳設計師們又將旗袍刻意改良，最明顯的特徵是旗袍變得越來越「迷你」了，從膝下兩吋的羞羞答答提升到臀下兩吋的惹火撩人；甚至把一貫以矜持著稱的旗袍賦予極強的性感意味，將下擺直接剪到走光的邊緣。當然，這種屬後現代風格的旗袍，已經離旗袍深蘊的歷史厚重感和內斂的性感越來越遠。

　　讓男人神往又迷惑的妮可‧基嫚（Nicole Kidman），身上總是充滿誘人的氣息。模特兒出身的她，身材出眾是首要條件，可她的穿著藝術卻也掌握得十分到位。第 18 屆美國電影藝術獎時，她就以一襲大露背黑色晚禮服亮相，豔壓群芳，十分搶鏡。在第 74 屆奧斯卡頒獎典禮上，《紅磨坊》的女主角妮可‧基嫚穿著一件香奈兒薄紗晚禮服，身上每一細胞都透露著誘惑。第 76 屆奧斯卡頒獎禮，妮可‧基嫚穿著低胸晚禮服更是雍容華貴。雖然《冷山》沒有為她贏得任何獎項，卻在衣著方面輕鬆地擊敗其他盛裝女星，成為當晚的一大亮點。還曾被《ELLE》雜誌評為最佳時尚人物。她是好萊塢公認的時尚界女王。

　　作為女人，應根據自己身材的具體條件，緊緊跟隨時裝腳步的步伐，是有必要的。

　　裸露的衣飾是有年齡限制的，趁著年輕身材好，想穿的時候就穿。女人應把自己的青春與美麗展現出來，別到年老

時再也不能穿了而後悔。女人應該展現女人的嫵媚、柔情、性感的一面。女人把自己打扮漂亮得體的時候，也會為自己帶來好心情、同時妳自信，熱愛生活的激情也會感染妳身邊的每一位朋友。

　　須知，適當的裸露最性感。

別讓細節損害形象

　　週六下午，魯莉要趕去相親。姐姐幫她介紹了一個「很不錯」的年輕人。

　　吃過午餐，姐姐早早的就把她推出了門，邊幫她叫計程車，邊嘮叨唸著：「那年輕人長得很帥，保證妳對他一見鍾情！」「他家的門檻可是被媒婆們踏壞好幾個了，妳可要好好把握哦！」

　　魯莉到目的地的時候，對方已經到了。他在咖啡廳靠玻璃窗的位子坐著。她不禁打量起他來：一條休閒牛仔褲，一件條紋棉質 T 恤，一件薄而挺的黃色外套，質料精細，搭配和諧，想必他應該是個有品味的人。

　　姐姐說得果然沒錯 —— 外型還算和她的意！她頓時對這個男生有了好感。雙方相互介紹姓名。這男生叫李亮。

　　服務生問兩人要喝點什麼。魯莉點了一杯摩卡咖啡，然後把菜單遞給對面的李亮。李亮微微一笑，對服務生說，我

也要一杯一樣的。李亮態度大方，兩人聊天氣，聊他們熟悉的人，氣氛還算不錯。

一會兒，咖啡上來了，李亮很紳士地做了個「請」的姿勢讓魯莉先喝。接著，他自作主張地用夾子把方糖夾到魯莉杯裡。

「啊！」方糖掉進咖啡杯裡的瞬間，幾滴咖啡濺到魯莉的衣服上了。李亮的表情也頓時僵硬了，連連說對不起。

魯莉想，可能是他太緊張了 —— 看過吃飯時幫人夾菜的，但沒見過喝咖啡時替人夾糖的。她覺得他有點滑稽，忍不住想笑。

魯莉擦了幾下衣服，顯然是擦不掉了。稍後，恢復了平靜。這下，都不知道該說什麼了，氣氛變得有點尷尬。

魯莉想打破這種緊張的氣氛。突然想到她最近看了一本小說《追風箏的人》，希望兩人能找到一點共同話題。於是，她問李亮是否看過這本書。沒想到李亮卻說，他從來不看小說，太浪費時間了。

魯莉本想糾正他對小說的「偏見」，卻發現李亮拿起杯裡的小湯匙，一勺一勺地往嘴裡喝咖啡。

「天啊！有這樣喝咖啡的嗎？」魯莉大吃一驚，起身說家裡有事，就匆匆離開了。在路上，她想，姐姐真的沒騙她，李亮家中的門檻可能真被媒婆踏壞了 —— 一個談不攏，再找

一個。

　　從外貌和服裝看起來，李亮讓魯莉留下了很好的印象。魯莉第一感覺，李亮是個有品味、有素養的人，願意與他相處，可是偏偏在喝咖啡的時候，用夾子直接夾糖，用小湯匙喝咖啡等細節無聲暴露了他的不拘小節，毀掉了他在魯莉心中的形象。

　　不要小看細節的力量，很多小細節可以反映出一個人的形象和質感。每一個小細節都展現給身邊的人無限的想像空間。比如，當一個人從身邊經過時，他的白色襯衫上有一滴油漬，你馬上會判斷他是個做事不細心、不拘小節的人；當你在公共場所見到有人撿起垃圾丟進垃圾桶時，你馬上會判斷他是個樂於助人、充滿愛心善良的人；當看到在圖書館看完書，把椅子放回原位的人，你馬上會判斷他是個做事謹慎、守規矩、有責任感的人等等。

　　好的形象可以幫助我們爭取更多機會，獲得更多的「人脈」，增強個人的競爭力，而經常無意間破壞我們形象的不是別人，恰恰是我們自己言行舉止中的一些不恰當的小細節。很多時候，一個細節失敗了，整個人的形象也就被否定了，就像上面故事中的李亮一樣，讓他不小心就失去愛情，失去工作，甚至失去整個人生。

　　於細微處見精神，有些事雖然看似不經意，但都是平常

修養的結果。只有當我們把每一件細小的事情都做好，養成習慣，才能在舉手投足之間給人留下良好的印象，乃至成就大業。

以前，我看過這個小故事：一位先生要僱一名雜工到他辦公室做事，他挑中了一個男孩。「我想知道，」他的一位朋友問道，「你為何喜歡那個男孩？他既沒帶一封介紹信，也沒有任何人的推薦。」

「你錯了。」這位先生說，「他帶來了許多介紹信。他在門口蹭掉腳上的土；進門後關上門，這說明他做事小心仔細。進了辦公室他先拿下帽子，證明他既懂禮貌又有教養。當看到那位殘疾老人時，他立即起身讓座，表明他心地善良、體貼別人。其他所有人都從我故意放在地板上的那本書上跨過，而這個男孩卻俯身拾起那本書，並放在桌上。當我和他交談時，我發現他衣著整潔，指甲修得乾乾淨淨。難道你不認為這些小節是最棒的介紹信嗎？」

不要以為沒有人注意你。與你往來的人往往都有一雙雪亮的眼睛，即使你不說話，不做事，他也把你看得清清楚楚。所以，你要隨時注意自己的形象，從小處著手。

如果你現在還沒花時間在形象的細節上，那麼希望你不會有替自己感到遺憾的那一天。

品味比地位更重要

記得一位電視節目女主持人說過，她不願只做外表漂亮的女人，而更想成為一個有品味的女人。

品味，是一個女人內涵的外在表現。

有品味的女人應該具備以下特點：善良、機智、成熟、自尊，而且知識廣博豐富，思想深刻充足，談吐文雅大方，衣著雅致得體。

有些女人，總是不斷地在購物，但是需要用時卻拿不出個像樣的東西。但有些女人，哪怕只是一條絲巾，都讓人覺得很有格調。她們之間的差異並不在於錢包的厚度，也不在於身材的好壞，而在於「品味」。

女人選購東西的眼光與生活的方式息息相關。購物隨便的人，一樣會隨便做事，隨便交友。有些人會習慣的買一些沒有品味的東西後，再找藉口說好的東西價格太貴，所以買不起。不然就是沒有時間逛街，而這些人對待自己的人生也會用類似的方式。

一個有品味的女人會精心包裝自己，她的衣服不會五彩斑斕、過分張揚，也不流行前衛、譁眾取寵，只會符合自身的特徵個性，在什麼場合穿什麼樣的衣服，感覺不張揚、不媚俗，卻修飾得十分自然得體。

不要為自己找任何藉口，妳也可以擁有很高的品味。或

許妳說經濟是很大的因素，那麼請看先賢莎士比亞的話吧：
「你可以盡你的財力所及買講究的衣服，但是不可以華麗爭
奇；要大方，而不媚俗，因為衣服時常表現出一個人的品
味。」

　　千萬不要因為環境差異，就懶得打理自己，這樣久而久
之就會降低自己獨特的品味。高級的品味需要長時間的培養
才能獲得。女人要把挑選東西當做一次又一次人生選擇的練
習，妳還滿足於那些唾手可得的東西嗎？

　　有品味的女人，是精緻優雅的女人。

　　她的精緻優雅需要用心去體悟，而不是單純地用眼睛去
追逐。她穿著的衣物及佩戴的飾品不一定是高檔品牌，但一
定能反映出她與眾不同的非凡氣質。她不論何時都會把自己
整理得清新亮麗，淡妝輕描而不庸俗。她從不隨意邋遢地出
來示眾。她會把她要做的事情安排得有條有理，把所處的環
境收拾得乾乾淨淨並充滿詩情畫意。任何時候你見到她都是
風情萬種嫵媚多姿，她的舉手投足、一顰一笑都會吸引著你
的眼球，給你帶來一種美的享受，感覺就像欣賞一件藝術品
而陶醉其中，悠長而彌久。

　　不是生活狀況決定品味，而是品味決定生活狀況，這句
話並不誇張。

　　「品味」二字，沒有內涵是做不來的。品味不是虛無縹緲

的一種自我感覺良好，它是全面的、整體的，由表及裡的綜合表現。品味是一種集個人的出生背景、文化水準、生活素養為一體的，只能靠感覺去體驗的東西，不是什麼人都能夠擁有的。

張小嫻在散文集《擁抱》裡這樣寫道：最能反映一個女人品味的，不是她的衣著和喜好，也不是她的車、家裡的裝飾，而是她愛上了一個怎樣的男人。即使她在各方面品味都不錯，若愛上一個差勁的男人，便功虧一簣。

有品味的女人，是個有責任感的女人。她會對自己的言行、工作、生活、家庭、事業負責，同時也會對身邊的所有人負責。她懂得作為女人應該以家庭責任為重。上敬老人，下教兒女。她知道相夫教子是她人生中最重要的責任，但她也不會為此迷失自我。她會有她自己的事業，如果機會成熟她也能像男人一樣創造出驚人的業績，甚至在政壇上叱吒風雲。在工作上她會盡心盡責，在生活中她會細膩而溫情。她不會是一個完全的家庭主婦，但家庭對她而言永遠都是重要的，她珍惜家庭就像珍惜她的生命。她會為建立家庭的和諧氛圍而不懈地努力。對待愛情她會真誠專注、全心全意，絕不會水性楊花、及時行樂，踐踏愛情。

喜歡一個人就要讓自己和對方平等，至少不能差別太大，你有你的銅枝鐵幹，我有我的紅碩花朵。如果妳覺得自

己是個不一樣的女人，妳就應該選擇站在一個成功男人的背後。

有品味的女人樂觀向上，而不頹廢放縱，待人真誠而不虛偽；舉止從容而不輕薄；性情平和而不浮躁；自尊自信，但不狂妄自大；溫柔體貼，但不軟弱屈服。

有品味的女人會營造一個平靜的生活環境，她擁有高雅的愛好和情趣，會用自己的眼睛發現身邊的美，並用心去感受。她有豐富多彩的內心世界，不會讓無聊、平庸的事情來破壞自己平靜的生活，在繁華浮躁的現實中，能讓自己的心歸於平淡。當然，她也有喜怒哀樂七情六欲，但是她的表達是自然的、適度的。

有品味的女人有獨立的思想和人格，絕不會人云亦云、隨波逐流。在喧囂的人群中，她可能會用沉默來表示她不俗的內心。

有品味的女人是有責任感的女人，無論在生活中，還是在工作中，她都會盡力「演」好每一個角色，好女兒、好妻子、好母親、好職員。

有品味的女人，就是有內涵、有魅力的女人，就是有女人味的女人。走在擁擠的人群中，你會一眼發現她。用品味做底蘊的優雅女人不見花開，只聞暗香浮動。

女人也可以風度翩翩

自古以來，有風度、漂亮的女人是受人歡迎的。外貌亮麗的女人讓男人眼動，內涵豐富的女人讓男人心動，外貌與內在完美的女人讓男人激動，而讓男人激動的女人則是既有風度又漂亮的女人。女人因擁有漂亮而幸福，而男人因得到漂亮女人而幸福；女人因有風度而驕傲，而男人為有風度氣質的女人而感動。一個女人外表美不美麗是天生的，漂亮不漂亮是後天的，有沒有風度是練就的。

說一個女人有風度，一定包含了她的品味、學識、修養、形體等內涵，甚至可以細到她的眼神、神態、香水、口紅的顏色等細節透出的資訊。在現代社會競爭壓力日趨激烈的環境裡，風度是一種成熟，因此，擁有翩翩風度的女人應該具有成熟的寬容和純真的心態。

女人需要有一種讓人仰慕的高貴氣息。「風度」這兩個字容易讓人聯想起 17、18 世紀歐洲上流社會的那些穿著華麗、儀態萬千的貴婦們。真正風度的本質含義是擁有一份清閒的生活狀態，深厚的文化修養和對是非的淡然心境。

做一個風度女人，就要在人際關係上做到收放自如、張弛有度，就要具有親和力。親和力是最具魅力的柔性藝術，它既包括女人的內在品質 —— 真誠、善良、平和、曠達、直率、幽默、高雅、博學及善解人意，也包括女人的外在品

質 ── 精神飽滿、氣宇軒昂、風度翩翩、妙語如珠、談吐得當。

　　風度漂亮，就像有形而又無形的精靈，緊緊抓住人們的感官，悄悄潛入人們的心靈，根深蒂固的在腦海裡扎根發芽，讓人留下難以磨滅的印象。具有某種魅力風度漂亮的女人，不一定具有風度的魅力，風度是一個人的文化教養：漂亮和知識是共存的。

　　身為現代生活裡的人，要培養自己較好的風度和具有魅力的風韻，首先應該從「大」處著眼，從素養上提升自己。如果對自己的風度訓練僅僅局限於如何舉手、如何投足、如何說話、如何顰笑，往往效果甚微，以至弄到俗氣的地步。換句話說，太講究舉止、故意地追求優雅，反而失去了風度。

避免不雅的習慣

　　美容、化妝、修飾一定要避人，呵護自我形象的一切準備工作應在幕後悄悄進行，絕不可以在他人面前毫不顧忌地去做。一定要養成修飾避人的良好習慣，並不斷地提高自己的資質與修養，把自己最佳的形象展示給眾人。

　　許多白領佳人，形象好，氣質也不錯，就是改變不了壞習慣，比如毫無顧忌地檢查褲子或裙子的拉鍊是否拉好，拉

直下滑的長筒絲襪，擺弄自己的衣裙和整理鞋襪等。這些都是妳的修養有問題，原本這些小節就不應該出現，如果妳發現了，應該去洗手間整理。這是最基本的素養。保持風度，還應該注意妳的眼神，不是亂投射目光，而且是平視，更不要指指點點，要自然、大方，態度和藹。

保持風度，在於妳的內在修養。

倘若漂亮在於和諧，那麼風度就是一個人個性的展現。當然，它離不開各方面的修養做底蘊。具有風度的女人，會選擇與自己相宜的服飾，來裝扮自己，以錦上添花之心展現出她獨特的魅力，盡灑那迷人之風度。她從不隨波逐流，也不搶占時裝潮流之前鋒。她只是巧妙地把流行和個性有機地結合，使之產生和諧的美感。同時，將他人的優點化為己有。哪怕是一頂帽子、一條圍巾，或者是衣領旁的小小裝飾品，都會透過她巧妙的搭配，襯托出她與眾不同的風度。

風度是各不相同的，是與生俱來的，是各自成長的環境薰陶和文化修養的另一種展現，更是無法購置和模仿的。胖瘦者各有各的風度，華麗有華麗的風度，而簡簡單單、和諧統一也是一種風度。

女人們，當我們欣賞別人的風度時，別忘了展示自我之風度！

 第六章　氣質也是一種力量

第七章　命運要靠自己來逆轉

歲月的驚濤一浪推一浪，女人瘦弱的雙肩要承受多少失意與磨難？

倘若我們在失意時渾渾噩噩、一蹶不振，只會失意又失志，最後失去自己的前途。而如果我們靜下心、挺直腰，像彈簧一樣收縮自己的高度，積累著能量，那麼一旦機會出現，就能再次崛起。因為有挫折才會奮起，不要因一次挫折而折斷人生奮進的脊梁。

譚嗣同曾經說過：「人生在世，天必有困之：以天下事困聖賢、困英雄，以道德文章困士人，以功名困仕宦，以貨利困商賈，以衣食困庸夫。」或許，這就是真實的人生，誰也無法逃脫。

從來就沒有一帆風順的人生。人生的風雨是處世的訓喻，生活的逆境是淘金的篩子。強者在困難中磨礪成材，弱者在困難中落魄潦倒。

只要斧頭還在

　　深山裡住著一位以砍柴維生的樵夫。樵夫的房子很破舊，為了擁有一間寬敞明亮的房子，樵夫每天早起晚歸。5年之後，他終於蓋了一間比較滿意的房子。

　　有一天，這個樵夫從市集上賣柴回家，發現自己的房子火光沖天，一瞬間房子就化為灰燼了。在裊裊的餘煙中，樵夫手裡拿了一根棍子，在廢墟中仔細翻尋。圍觀的鄰居以為他在找藏在屋裡的值錢物品，好奇地在一旁注視他的舉動。過了半晌，樵夫終於興奮地叫著：「找到了！找到了！」

　　鄰人紛紛向前一探究竟，只見樵夫手裡捧著一把沒有木把的斧頭。樵夫大聲地說：「只要斧頭還在，我就可以再建造一個家。」

　　當一切已化為灰燼，與其終日痛哭悔恨，不如放眼未來，從頭再來。還記得電影《亂世佳人》嗎？為什麼女主角的形象那麼深入人心？僅僅是因為她漂亮嗎？面對被戰火燒毀的家園，她堅強不屈；面對愛人的離去，她努力振作，她像大地一樣承受一切卻仍充滿活力……。

　　成功的人不是沒有被擊敗過，只不過是他們站起來的次數比倒下的次數多一次。

逆境的三種類型

對於人生困局，並非「只要有勇氣與決心就沒有闖不過去的關」。事實上，我們在應對困局時，還需要尊重客觀現實。在現實中，人生的困局大致可以分為以下三種形態。

一是心中的困局

對於要求過高的人來說，他們時時刻刻都處於困局中。吃要山珍海味、穿要綾羅綢緞、住要花園洋房、坐要名貴轎車、妻要國色天香、兒要聰明伶俐、財要富可敵國……想想看，這樣的高標準在普天之下有幾人能達到？毫無疑問，在追求這些的過程中，必定是會到處碰壁，心為形役，苦不堪言。

一個剛出校門不到 2 年的女孩，她覺得自己的生活簡直一無是處：「連買一個 LV 包也要省吃儉用好幾個月，什麼時候才能開自己的跑車呢？」也不想想，像她這樣剛畢業的人，有幾人能買名牌不用皺眉？至於跑車，除非妳是含著金湯匙出生的千金。這樣的人，一輩子都活在「逆境」當中，除非她從「高標準」的心態中走出來。這類人生活的委頓在於心中的逆境，其實是虛擬的逆境。

二是激勵性逆境

　　人在躍過一道壕溝時，總會下意識地後退幾步，給自己一個足夠的準備動作，然後奔跑，衝刺，起跳，完成跨越。這類逆境就是有這種作用的。它告訴我們，我們正面臨人生的一個騰飛跨越，因此必須停下來，做好充分的思考準備，聚集自己全部的能量，然後蓄勢而發實現一次人生飛躍。面對這樣的逆境，我們所要做的就是認真地對待它，而不要懼怕它，運用我們全部的智慧去迎接它。許多偉人就是看到了這類困局後的巨大成功，他們不遺餘力地去戰勝這樣的逆境，並且最終贏得了人生。

三是保護性逆境

　　由於人們思考和能力的局限性，我們常常會走入歧途。這時，亮著紅燈的逆境就是一種警示，讓我們意識到前面的危險，回到正確的道路上去。比如，臭氧層的破壞導致大自然對人類產生報復，從中我們意識到生態平衡的重要意義。於是，我們開始治理環境消除污染，努力實施環保措施，以使我們能夠在一個和諧的環境裡健康生存。有時，身體的疾病、夫妻不和、朋友間的疏遠，也是這樣的逆境，讓我們反思自己，是不是在追求一種與自己真愛相違背的東西，是不是正在做一件損人不利己的事情。對於這樣的逆境，我們必

須認真接受它給予我們的警示，不能一意孤行；否則最終不僅不能成功，還會導致自己的慘敗，甚至還會連累家人和朋友以及所有愛我們的人。所以，我們也可以稱這一類逆境為保護性逆境。

上述三種逆境的形態，最難做到的是如何準確區分。女性同胞們不妨在身陷逆境時經常思考對比，做對了界定，逆境也就突破了一半。

戰勝逆境的女人是幸運的。在現實生活中有太多的人，常因自己的角色卑微而否定了自己的智慧，因自己的地位低下而放棄了兒時的夢想。造物主常常把高貴的靈魂賦予卑賤的肉體，就像日常生活中，總是把貴重的東西藏在家中最不起眼的地方。有位名人說過，在最黑的土地上生長著最嬌豔的花朵，那些最偉岸挺拔的樹木總是在最陡峭的岩石中扎根，昂首向天。所以，並非每一次不幸都是災難，早年的逆境是一種幸運，與困難作鬥爭不僅磨練了女人的人生，也為日後更激烈的競爭準備了豐富的經驗。

人生的逆境對女人更是一種難得的歷練，挫折往往是好的開端，所以在生活中，不要輕易被逆境嚇倒，用樂觀的態度去看它們，那麼逆境就會變成順境的前奏。

重新認識挫折

心理學認為，女性容易挫折，其心理因素占主導地位。基於本身的生理與心理構造，女人更容易缺乏安全感，許多女子內心都潛伏著心理障礙，從而產生各式各樣的恐懼心理。這些恐懼心理在一定程度上或多或少地妨礙了她們邁向成功的腳步。找出自我的恐懼根源，克服恐懼心理，是 office ladies 走向成功的關鍵一步。

有的女性，會因漂亮產生過多的優越感。自古紅顏多薄命，從人才角度來講，漂亮女子成才的確比較少見（文藝行業裡稍例外），這是因為漂亮女子容易產生一種盲目的優越感。從心理上看，男女對於成就感的需求各不相同，策動男性追求成就的心理關鍵是「競爭」，女人的動機卻是「社會的接納」，而一些漂亮的女子往往不思進取，認為自己天生已有了被社會接納的資本，無需再費力去「競爭」了。

有的女性則是觀念上的問題，認為成功會取代愛情。社會上有這種現象，學歷越高，找對象越難，成功的女人背後往往不能站立一個堅強的男人。許多男人要「賤內」，而不喜歡「女強人」，因此，許多女人深信，事業上的成就不僅會受到社會的排斥，而且也會帶走夫妻間的愛。

在社會角色定位上，男與女也不一樣，大部分女性都缺乏競爭欲望。在一個人事業成功的因素中，競爭意識的重要

性不亞於才幹。不幸的是，女性的心理似乎總是讓她們自覺樣樣不如人，同時，也不喜歡靠競爭來滿足自己的願望，而往往以「我要是能那樣該多好啊」來自慰。

雖然女性本不喜歡與人競爭，但在愛情上或在對待同性時卻「競爭意識」十足，可惜，這種競爭讓她們失去已有的優勢。一些女人自身的不足在於病態般的嫉妒，她們不善於協調自身的有利因素，盲目地與那些本不應與之競爭的對象競爭，最後失去大局。

很多女性總是喜歡把注意力放在對原有思維結果的理解和模仿上，思維的目的，只是為了延續已有的東西，而不是為了創造新的東西，這也是為什麼女性在那些模仿和繼承性強的領域易出成績的主要原因，同樣，也成為她們不善於創造性工作的最大心理障礙。

一次乃至多次的失敗並不能說明一個人的價值大小。仔細想看看，如果從不經歷失敗，我們能真正了解生活的本質嗎？我們也許一無所知，處於沾沾自喜與愚蠢的無知中。因為，成功僅僅只能鑒定期望的信念，而失敗則給了我們獨一無二的寶貴經驗。

這就是我的人生態度，一種積極樂觀的人生態度。當一些不愉快的事情發生時，我永遠提醒自己：不要抱怨，抱怨沒有用。把抱怨的時間拿來想想下一步該怎麼做，不是更有意義嗎？

第七章 命運要靠自己來逆轉

　　怎麼去理解人生所謂的不順呢？我們前面的生活如果只是一片平坦，一路好走，豈不太單調乏味了嗎？有山有水、有順境有逆境的人生，反而才看得出價值來。

　　事實上，偉人之所以偉大，常展現在他們能以巨大的勇氣承受失敗。

　　失敗並不意味著失去一切，失去的東西將會以其他方式補償給你。

　　經驗和教訓是失敗送給我們最好的禮物，它們將成為成功的有利條件。有了這些經驗和教訓，在以後的生活中，我們可以少走許多冤枉路，節省了成功的成本，從另一個角度看，這又何嘗不是一次成功呢？

　　孟子說：「生於憂患，死於安樂。」這句話不是沒有道理的。一個人如果長期處於安逸舒適的環境中，勇氣、意志、雄心就會被安樂的氛圍逐漸磨掉，失去戰鬥力，一旦環境發生變化，常常不攻自破。人們必須隨時注意磨練自己的意志，激發自己的勇氣。

　　在女人的一生中，幾乎不可避免地都會涉及情感、壓力、抉擇以及失敗等種種挫折。在承受這些痛苦的過程中，如果女人能夠堅持下來，並在遇到挫折時獲得自身的成長，那麼這個女人一定會成為一個優秀的女人；反之，如果一個女人僅僅因遇到一點挫折就悲觀厭世，那麼這個女人永遠也

不會獲得成功。懂得反省自己失敗的女人不會優柔寡斷，在面臨抉擇的時候，她們往往會果斷地做出決策，既節省了時間，又在機會出現的時候及時抓住它。

挫折能使妳的意志更加堅不可摧。勇氣的激發和意志的磨練只能在一次次具體行動中進行，失敗就是考驗妳的時刻。

另闢蹊徑的機制

當我們遇到困難時，擊敗它，是一種收穫；另闢蹊徑，也是一種收穫。任何的努力在沒有被證明絕對錯誤之前，都不會沒有意義。當傳統的方法已經不能解決問題時，我們應該學會另闢蹊徑。

事實上，促成人類社會進步的一切科技發明，起因都是解決問題過程中的「另闢蹊徑」。比如為了解決「怎樣才能更快地收割小麥」這個問題，如果我們僅限於傳統的方法 —— 把鐮刀磨得更快，而不是想著去創造另外一種方法，那永遠也發明不了收割機。

上回解決問題的方法，這一次不一定最適用。我們可能還有其他的辦法，也許還有比傳統的辦法好上百倍千倍的辦法。

維納（Norbert Wiener）是控制論發明人。還在 5 歲

時，他忽然被 ab ＝ ba 的數學法則迷住了，維納突發奇想，決定自己證實它。想了許久，最後用一個簡單的方法證明了：把一個長方形轉 90 度，長變成寬，寬變成長，面積仍不變。這樣一來，代數問題成了幾何問題，類型轉換了，問題就得到了很好的一解決。

　　另闢蹊徑，就是要換思路想問題。其中具體的方法有很多，比如，轉換問題的類型、轉移問題的視角、轉換問題的焦點或者轉換問題對象，或者借助解決其他問題的方法來解決目前的問題等等。

　　美國加州聖地牙哥市的一家老牌飯店，由於原先配套設計的電梯過於狹小老舊，已無法適應越來越多的客源。於是，飯店老闆準備改建一個新式的電梯。他重金請來全國一流的建築師和工程師，請他們一起商討，該如何進行改建。

　　建築師和工程師的經驗都很豐富，他們討論的結論是：飯店必須換一臺新的大電梯。為了安裝新電梯，飯店必須停止營業半年。

　　「除了關閉飯店半年，沒有別的辦法嗎？」老闆眉頭皺得很緊，「要知道，這樣會造成很大的經濟損失……」

　　「必須要這樣，不可能有別的方法。」建築師和工程師們堅持說。

　　就在這時，飯店的清潔工剛好在附近拖地，聽到了他們

的談話，馬上挺起腰，停止了工作。他望著憂心忡忡、神色猶豫的老闆和那兩位一臉自信的專家，突然開口說：「如果換成我，你們知道我會怎麼裝這個電梯嗎？」

工程師瞟了他一眼，不屑地說：「你能怎麼做？」

「我會直接在屋子外面裝上電梯。」

「多麼好的方法啊！」工程師和建築師聽了，頓時詫異得說不出話來。

很快，這家飯店就在屋外裝設了一部新電梯，而這就是建築史上的第一部觀光電梯。

習慣性地認為電梯只能安裝在室內，卻想不到電梯也可以安裝在室外，像這樣固守成法、循規蹈矩的「專家」比比皆是。問題不在於他們的技術高低、學識多寡、條件優劣，而在於他們突破不了常規的思維方式。

著名思維學家、「創新思維之父」狄波諾（Edward de Bono）認為，通常人的思維是「縱向思維」，就是主要依託邏輯，沿著一條固定的思路走下去。為此，他提倡「平面思維法」，以多條思路進行思考。

上面的案例中，工程師和建築師被專業常識束縛住了，而清潔工的腦袋裡沒有那麼多條條框框，思路就很開闊，所以才會想出令專家們跌破眼鏡的妙招。

H 公司在開拓海外市場時，也沒有一味地依照國內的老方法，而是另闢蹊徑，廣開思路，開發適合當地的產品。

H 公司在美國經銷產品時，針對當地的學生使用者，特地請了美國當地人來設計電器。美國的學生大多是租房子住，而在美國的很多地方，特別是在紐約，房價十分貴，寸土寸金，所以學生們租的房子都非常小。於是 H 公司根據這個特點，把冰箱檯面創新地設計成一個小桌子，這樣就節省了很大的空間。

　　後來，他們又把小桌子改裝成一個折疊的檯面，可以把電腦放在上面，這種設計迎合了學生的需求，所以特別受學生歡迎，也因此打開了美國市場。

　　每一次成功的背後，都有「另闢蹊徑」的創意，它是解決問題的「加速器」。

　　生活中，我們不時面臨著堅持與放棄的選擇，只要是慎重考慮的都不失為明智之舉，都是值得的。執著堅持不等於執迷不悟，適時放棄也不等於放任自流。學會堅持，是為了不要一遇到困難，就輕易退縮；學會放棄，是為了不要固執地一條死路走到底，不懂得另闢蹊徑。取其精華，去其糟粕又何嘗不是一種至高的堅持與放棄？

　　只有真正經歷過，沉迷過，割捨過，抽離過，才能發自內心感謝生活中或是殘缺、或是完美的給予，我們被上帝堵塞住一條出路，卻被獲准另闢蹊徑。

一忍再忍，百忍成金

我們經常會聽到「精誠所至，金石為開」、「忍耐就能成功」之類的名言，也會遇到許多喊著「相信人人都能成功」這樣口號的人。其實，忍耐是說起來簡單、做起來卻很困難的事情。忍耐與努力都是一種能力。並不是忍耐難以做到，就意味著「人人都能做到」這句話失去了意義。然而，想要實現自己期待的目標，忍耐力是不可缺少的要素之一，因此，就算是天生直腸子的人，也要培養良好的耐心。

忍耐，包括兩層含義，一是「忍受」，二是「繼續做下去」。前者意味著無可奈何地承受自身的痛苦。當有人侮辱你的時候，雖然心裡很想給對方一巴掌，但還是會忍住這種衝動，裝作沒有聽到，這就是「忍受」。後者表示不屈服於種種障礙，繼續不停地做自己分內的工作。女人比起男人，雖然更能「忍受」，但是不太擅長「繼續做下去」。但是，成功人士所必備的要素，不是「忍受」，而是「繼續做下去」。認為自己非常能夠忍耐，卻總是不能成功的女人，一定是誤解了忍耐的意義。「忍受」正是前面提到的那些不幸的女人最為擅長的東西。她們認為嘗試新事物不如忍受痛苦，這正是忍耐力突出的表現。如果要實現自己期望的生活，就應該培養「繼續做事」的能力。那麼，應該怎樣培養這種新的忍耐力呢？

中國歷史上唯一的女皇帝武則天，她能夠成就一番野心勃勃的「大業」，並不是僅憑過人的才貌所能做到。重點是，她有一顆超出常人的堅忍之心。

　　正當她充滿幻想，在少女編織夢想的年齡時，唐太宗駕崩，無辜的小姑娘被送入感業寺削髮為尼。從五光十色的夢境墜入青燈古佛、清茶淡飯的冰窖，神佛佛力無邊，無所不能，但那只是傳說而已，它畢竟只是一尊泥塑，怎能傾聽妙齡少女的心聲？「尋尋覓覓、冷冷清清、淒淒慘慘」、「怎一個愁字了得」？

　　5年，多少個寂寞、孤獨、無助的日夜，武則天忍過來了。

　　一個偶然的機會，武則天重逢高宗李治，舊情復燃，再度得寵。但她只是先皇的一個寵妃，只是感業寺的一個小尼姑，名不正言不順。傳統勢力根深蒂固，即使貴為皇帝也只能讓心愛的人委曲求全。武則天過著「招之則來，揮之則去」躲躲閃閃的「情婦」生活。

　　紙終究包不住火。武則天與皇帝的這段「宮外戀」終於被皇后知道了。女人的忌妒心並不亞於洪水猛獸。皇后以正官之威要剷除武則天。武則天5年的尼姑生活，沒有學會佛經，卻懂得了「聖經」。當皇后給她的左臉一巴掌，她把右臉也送上去。仇人迷惑了，竟將情敵帶入宮門，武則天終於重

返帝王之側，再度為妃，名正言順。

武則天心比天高，她怎能甘居人下，而且是如此狹隘、如此無能的皇后之下。入宮幾個月後武則天生下一女，小公主頑皮可愛，甚得皇帝喜愛，武則天也視為掌上明珠。但為了在殘酷的後宮鬥爭中取勝，武則天親手掐死了自己的女兒，然後嫁禍於皇后，剷除了心腹大患，再成「一人之下，萬人之上」的皇后而「母儀天下」。

「虎毒不食子」，親手將女兒殺死泯滅人性，但是武則天又何嘗願意？母女連心，怎能下手？但是「誰叫妳生在帝王家」？再苦，再痛也得忍。

皇后，並不是武則天的最終目標；皇帝，做個萬民之主才是她真正心願。作為妻子，她常幫李治料理國事，熟悉朝政，朝野上下都有自己的一股勢力。此時的李治昏庸無能，全賴皇后，武則天完全可以自己登基稱帝，但她更知「小不忍則亂大謀」，中國千年來的男尊女卑，女子稱帝統治男人在世人看來是逆天行事，輕舉妄動只會招來殺身之禍，她必須忍，必須等待。

一忍便是28年，28年後67歲的武則天才登上天子寶座。

像武則天這樣的野心並不值得提倡，只不過她這樣的忍耐功夫是多麼到家；而忍耐後的蓄勢一擊，又有如雷霆萬鈞。所以，忍人之所不能忍，其實是一種磨練過程。孟子說：「故

天將降大任於斯人也，必先苦其心志，勞其筋骨，餓其體膚，空乏其身，行拂亂其所為，增益其所不能。」在重責大任或對等報償未來臨前，無論心志、筋骨、體膚、身、為，都得接受艱苦的磨練。

如果心志不堅、筋骨不壯、體膚不強、身無千錘、為無百鍊，何能接掌大任？如果沒有作出大的貢獻，何來大的報償？

當然，忍耐不是消極等待。在忍耐中做好準備，才是積極的、能成大事立大業的忍耐。像蘇秦、韓信受辱不忘讀謀略之書；勾踐受辱不忘東山再起；武則天受辱不忘謀取帝位，這才是大忍。

同時，忍耐、忍讓也絕非懦弱、畏懼，相反的，能忍人所不能忍，才是強中之強，方能以柔克剛、以「弱」勝強。這其實是深知事物「對立統一」辯證關係的極高心智。老子言「知其雄，守其雌，為天下谿。」意思是，知道什麼是剛強，卻安於柔弱的地位，方可立於不敗之地。

沒有什麼大問題

失戀了，有人會說：「沒有什麼比現在更糟糕的了」；被炒魷魚了，有人會說：「沒有什麼比現在更糟糕的了」；甚至不慎丟了一部手機，也會有人說：「沒有什麼比現在更糟糕

的了」。事實真的是這樣嗎？

現在不妨仔細想想，從小到大你的口裡或心裡說過多少次「沒有什麼比現在更糟糕的了」？

孩童時失手打破鄰居家的花瓶，少年時考試不及格，年輕時和初戀分手……這些類似的事情，在當時你的眼裡也許都是一件件糟糕透頂的事。你為此焦慮、悲傷，甚至痛不欲生。事過境遷，你還認為那些事情「糟糕透頂」嗎？

別以為我們在年少時才會把「芝麻」般的事當成天大的事情。成年人也經常會自我誇大失敗和失望，以為那些事都非常要緊，以至於每次都好像到了生死關頭。然而許多年過去後，回頭一看，我們自己也會忍不住笑自己，為什麼當初竟把小事看得那麼重要？時間是治療挫折感的方式之一，只有學會積極地面對困境，才能避免漫長而痛苦的恢復過程，並且讓這個過程變成一段享受的時光。

蘇荷是一個溫雅的女子，愛上了英俊帥氣的王先生，她確信自己找到了白馬王子。可是有一天晚上，王先生委婉地告訴她，他只是把她當妹妹。妹妹？蘇荷聽到這句話，在臥室哭了整整一夜，她甚至感覺整個世界都失去了意義。但是，隨著時光流逝，愛情的創傷在她的心中慢慢的結痂，只是觸及時還有一些隱隱作痛。

有一天，適合她的男孩來了，他們結婚生子，生活很幸福。天有不測風雲，丈夫投資做生意的錢賠光了。蘇荷想，

這次完蛋了，今後一家人的生活該怎麼維持？這時，她聽到屋外孩子玩耍發出的幸福喊叫聲，她轉過頭去，正好看到孩子對著她微笑。孩子燦爛的笑容使她意識到，一切都會過去，沒有什麼要緊的。於是她又打起了精神，和家人們一起度過了那個難關。

人的一生不可能總是一帆風順，有挫折是正常的，挫折也沒有什麼大不了的，重點是面對挫折的態度。在人生的道路上，大大小小的挫折會常常伴隨我們左右，只有勇於和善於面對人生的挫折，才能在挫折中奮發，在拚搏中成功。

當我們在面對挫折的時候，首先要正確地認識挫折。挫折的產生既是必然的，又是偶然的。說其必然，是指在人生整個過程中，人們總是或多或少、或輕或重地可能遇到各種不同的挫折；說其偶然，即在人生旅途中，每個人可能遇到什麼樣的挫折、什麼時候發生挫折是很難預料的。

當我們認識挫折之後，就要冷靜並客觀地分析挫折產生的原因。挫折的產生不外乎客觀原因和主觀原因兩種。客觀原因即外在條件的限制和阻礙，這種條件主要包括自然條件和社會條件。自然條件如天災人禍；社會條件如社會政治動盪、戰爭等。主觀原因，即是主體條件的限制和阻礙，它主要包括行為者自身的條件和認識的偏差兩個方面。個體自身的條件如容貌、身高、健康、經濟狀況、智力、心理素質等影

響個人目標實現的因素。認識的偏差表現為目標過高和期望值過高，致使行動無論怎麼努力都難以達到目標。

認識挫折也了解挫折產生的原因之後，我們就要尋找正確應對挫折的方法了。

樹立正確的挫折觀。遭受挫折，是人們認識世界和改造世界過程中的必然現象，任何人的成長過程中都不可避免地會遇到不同程度的挫折。正視挫折，認真分析挫折產生的主觀原因，正確對待挫折，這樣不僅可以克服和消除，還可以磨練自己的意志。

控制好自己。挫折產生後，誰都會感到緊張、煩悶，行為也不免有些失常。在這種情況下，如果能有意識地運用心理防禦機制，採取一些比較積極的間接反應方式，就能避免加重挫折或由挫折帶來新的挫折。

轉移自己的視線。遭受挫折後，一般人都會感覺度日如年，這時，要適當安排一些健康的娛樂活動，走出戶外去呼吸大自然中新鮮的空氣。豐富多彩的閒暇活動可以使挫折感轉移方向，擴大思路，使內心產生一種向上的熱情從而增強自信心。

學會宣洩，擺脫壓力。面對挫折，不同的人有不同的態度，有人惆悵，有人猶豫。此時不妨找一兩個親近、理解你的人，把心裡的話全部傾吐出來。從心理健康角度而言，宣

洩可以消除因挫折而帶來的精神壓力，可以減輕精神疲勞。同時，宣洩也是一種自我心理救護措施，它能使不良情緒得到淡化和減輕。

從現在開始，把不開心的事丟到一旁，認準一條路堅定地走下去，不管怎樣都是自己的選擇！跟自己說：沒有什麼大不了的。

給自己一點心理補償

心理失衡的現象在現代競爭日益激烈的生活中時常發生。舉凡遇到成績不如意、高考落榜、競聘落選、與家人爭吵、被人誤解等情況時，各種消極情緒就會在內心積累，從而使心理失衡。消極情緒占據內心的一部分，而由於慣性的作用使這部分越來越沉重、越來越狹窄；而未被占據的那部分卻越來越空、越變越輕。因而心理明顯分裂成兩個部分，沉者壓抑，輕者浮躁，使人出現暴戾、輕率、偏頗和愚蠢等難以自抑的行為。這雖然是心理積累的能量在自然宣洩，但是它的行為卻具有破壞性。

這時需要的是「心理補償」。補償功能，原是指一種生理現象。當身體的某一器官產生病變或有缺陷時，另一些器官的功能會相應加強，以補償不足。如雙目失明者，其嗅覺、聽覺、觸覺往往都格外靈敏，在一定程度上補償了視覺缺陷；

又如失去手的人，腳會變得非常靈活。

心理也有這種補償功能。如一個人失去了親人異常痛苦，此時，真誠的友誼和熱情的幫助會給他（她）溫暖，在一定程度上減輕了他（她）的痛苦，補償了他（她）失去親人的不幸，這是一種取代的方法。

縱觀古今中外的強者，其成功的祕訣就是包括善於調節心理的失衡狀態，透過心理補償逐漸恢復平衡，直至增加建設性的心理能量。

有人打了一個比方：人好像一個天秤，左邊是心理補償功能，右邊是消極情緒和心理壓力。你能在多大程度上加重補償功能的砝碼而達到心理平衡，你就能在多大程度上擁有時間和精力，信心百倍地從事那些有待你完成的任務，並有充分的樂趣去享受人生。

那麼，應該如何去加重自己心理補償的砝碼呢？

首先，要有正確的自我評價。情緒是伴隨著人的自我評價與需求的滿足狀態而變化的。所以，人要學會隨時正確評價自己。有的女性就是因為自我評價得不到肯定，某些需求得不到滿足，此時未能進行必要的反思，調整自我與客觀之間的距離，因而心境始終處於鬱悶或怨恨狀態，甚至悲觀厭世，最後走上絕路。由此可見，要學會正確估量自己，對事情的期望值不能過分高於現實。當某些期望不能得到滿足

時，要善於勸慰和說服自己。遺憾是生活中的「添加劑」，它為生活增添了發憤改變與追求的動力，使人不安於現狀，永遠有進步和發展的餘地。生活中處處有遺憾，然而處處有希望，希望安慰著遺憾，而遺憾又充實了希望。正如法國作家大仲馬所說：「人生是由一串無數小煩惱組成的念珠，達觀的人是笑著數完這串念珠的。」沒有遺憾的生活才是人生最大的遺憾。

其次，必須覺察你所遇到的煩惱是生活中難免的。心理補償是建立在理智基礎之上的。人都有七情六欲各種情感，遇到不痛快的事當然不會麻木不仁。沒有理智的人喜歡抱屈、發牢騷，到處辯解、訴苦，好像這樣就能擺脫痛苦。其實往往是白費力氣，現實還是現實。明智的人勇於承認現實，既不幻想挫折和苦惱會突然消失，也不追悔當初該如何如何，而是想到不順心的事別人也常遇到，並非是老天跟你過不去。這樣你就會減少心理壓力，使自己盡快平靜下來，客觀地對事情做出分析，總結經驗教訓，積極尋求解決辦法。

再者，在挫折面前要適當用點「精神勝利法」，即所謂的「阿Q精神」，這有助於我們在逆境中進行心理補償。例如，實驗失敗了，要想到失敗乃成功之母；若被人誤解或者誹謗，不妨想想「在罵聲中成長」的道理。

　　最後，在做心理補償時也要注意，自我寬慰不等於放任自流和為錯誤辯解。一個真正的達觀者，往往是對自己的缺點和錯誤最無情的批判者，是勇於嚴格要求自己的進取者，是樂於向自我挑戰的人。

　　逆境中運用心理補償，還應當善於看到有利因素，保持自信和樂觀態度，在打擊面前，要能寬慰自己。如犯了錯誤，受到別人蔑視，要對自己說：犯錯不要緊，只要覺察了錯誤，並知道怎麼改正就好。

　　如果是改革遭到挫折，則要對自己說：「不經巨大的困難，不會成就偉大的事業。」把逆境看成是人生難以避免的一段路，有了心理準備，自然就減輕負擔，壓力也會減小。當經過反思，認為自己走的路沒有錯，就應相信自己，相信前途的光明。

　　而對於外界議論及環境壓力，不去爭一時之短長，咬牙振作起來，從失敗中殺出一條路，做出成績。透過自我安慰和自我激勵，取得心理平衡，情緒也自然能樂觀。

　　記住雨果的話吧：「笑就是陽光，它能驅逐人們臉上的冬日。」

夢想與現實的折衷

　　每個人都有屬於自己的夢想，雖然有大小的差別，但卻

存在於每個人心底最深處。夢想與現實有多遠，隨著年齡的增長，閱歷的豐富，這個距離在許多人面前似乎被空前的拉大了。滿腔熱血的走出校門，一副「指點江山，捨我其誰」的英雄豪傑，但現實的殘酷讓人處處碰壁，一切都與之前設想的不同，一切都沒有想像中的美好，一切都遠比想像的更加慘烈。就在這人世間慢慢不斷的被打回原形，被撞得頭破血流。從事著自己不滿意的工作，每天都在蠅營狗苟，虛耗人生，每天都在怨天尤人且不敢或者沒有勇氣去改變，於是，一直在走著，卻離自己的夢想越來越遠。

人們總在夢想與現實中找折衷點，不得以屈服於現實，也要在現實中創造一些夢想出來安慰自己。

夢想是建立在現實之中的。或者說夢想是一個人生存下去的動力，而現實又為追求夢想搭建了舞臺。但是，夢想與現實又總是有區別。一個人，不能為了一個不切實際的夢想而失去了現實，也不能因為紙醉金迷的現實而丟棄了夢想。

金庸筆下的楊過的自由心性，曾讓許多人羨慕，他為自己追求付出的無悔所折服。在夢想與現實之間掙扎的無奈也很讓人憐惜。

他是生是江湖人，死是江湖鬼的人。江湖就像泥淖，都跳進去了，哪有腳上不沾泥的？江湖的恩怨情仇就是那泥淖，沒有人可以真正全身而退，即使只是在岸邊徘徊也可能

會被那其中的刀光劍影所傷。楊過一出生就注定要在江湖裡摸爬滾打，環境對人的一生是有重大影響的。誰叫他生父是金國小王子，養父是揚名天下的郭靖，誰叫他生就一身奇骨，一身傲氣。他是下了水了的龍，怎能草草收場，攜佳妻美眷遠離江湖塵囂呢？

是為了愛情吧？愛情讓他變成另外一個人，一個陌生的自己時，他心中是否有些許惆悵呢？

希望他們會有好的結局，可以恩愛百年。其實，完全可以折衷。讓楊過還是楊過，自由灑脫；讓小龍女還是小龍女，恬靜溫婉。他們為何不能一起仗劍江湖呢？

現實需要理解，就像夢想需要安慰

現實沒了夢想其實是很可悲的。宛如一位相貌端莊、舉止不俗、體態婀娜的女子，終其一生嚮往愛情卻終其一生也從未有過愛情。她不說，別人也不提，但所謂命運正用悲涼向四處張望著，誰也看不見，看見了就變得不懂現實。

夢想如蜜，需由現實將它稀釋方適宜飲用。現實是一間空曠的屋子，沒有理想的支撐，終有倒塌的一天。

動植物的美有一些是很沒道理的，甚至違背生存發展規律。據說，美是生物的一種自我意識，自我意識也是有深有淺的吧，比如一個人的智力和才能。在一個誰也不知道的星

球上，挖空心思出其不意爭奇鬥豔，這種美的狀態的確匪夷所思，看起來毫無道理。所以，一個人呱呱落地，或許正是一場夢的開始。

親眼所見的世界最容易讓人信以為真，除非你能常常抱有一顆能辨識魔術的心理。這個時候雖然現實不真，但夢想最顯出它的虛幻。

最現實的埋沒，並不是用鐵鍬鏟一丘土覆蓋住某個對象。最現實的埋沒，是在牆上鑿一個洞，任由他人往裡面張望一切。也許這樣的事情，純屬糟糕不幸。比這更糟糕、更不幸的，不是某件事情變成一個不可能實現的夢想，而是夢想結合現實之後，生出的現實更殘酷更令人絕望。

有的人為了現實而現實，就像為了錢而賺錢，為了結婚而結婚。也有的人只為夢想而夢想，就像為了發財而出名，為了自由而離婚。

究竟是現實束縛了自己，還是夢想束縛了自己，抑或是自己束縛自己，自己忘了自己。

心裡埋怨夢想離現實太遠了，可能因為沒找到屬於自己的位置，東經 180 度，北緯 60 度，你喜歡這個地方，但這個地方未必適合你。如果你是一株闊葉樹，就該待在熱帶雨林。

夢想有夢想的光澤，現實有現實的分寸

你有你的現實分寸，智者千慮必有一失；我有我的夢想光澤，愚者千慮，必有一得。

人生來都有自己的使命，而在找到各自的使命之前，就先努力做好眼前的事。不斷的經歷各式各樣的事，走過各式各樣的地方，看遍形形色色的人，就算離去了，也不會有遺憾。

「月有陰晴圓缺，人有悲歡離合。此事古難全！」這個世界注定有遺憾的存在。

其實，沒有必要分清楚到底誰更重要一點，現實是必須面對、客觀存在的，正視現實是追求理想的基石，而夢想又是在現實中努力拚搏的動力和指標，它們之間是一種相輔相成的關係。現實中的努力加上合理的夢想，一定會夢想成真。

哭泣結果不如改變結果

一個偶然的機會，伊黛和鄧肯太太合作成立的「少女公司」生產出一種在當時很「前衛」的胸罩，市場上十分看好。所產生的巨大利潤空間吸引競爭者們紛紛加入。為了增加競爭力，伊黛打算暫時不分配利潤，並盡可能借錢，購買

機器設備，僱用員工，擴大生產規模。

鄧肯太太只是一個普通的家庭婦女，不像伊黛那麼有野心，她對現在賺到的錢已經心滿意足了，而且擔心舉債經營會賠掉已經到手的成果。她堅決要求即時分配利潤。兩人的意見發生嚴重分歧，只好解散合作。

當時，公司剛以分期付款方式購置了一批新設備，兩人拆夥後，現金全被鄧肯太太帶走，伊黛還得借一筆錢支付她的利息，這樣，公司只剩下一些機器和一大筆債務，陷入無米下鍋的窘境。伊黛出去找新的合夥人，沒有人願意；向人借錢，得到的回答都是「NO」。因為，這場內訌使人們誤以為「少女公司」的生產經營遇到了嚴重阻礙。更糟糕的是，不明真相的債權人紛紛登門討債，讓伊黛窮於應付。員工們眼看公司大勢已去，紛紛跳槽，200多名員工最後只剩30多人留下來。

伊黛遭此打擊，難免灰心喪氣。但她知道，唉聲嘆氣不能解決任何問題，應該多想想解決問題的辦法。經過幾個不眠之夜的反覆思考，伊黛確定了「安定內部、尋找外援」的思路。

首先，她要設法穩住留下來的幾十個員工，不給外界「公司已經倒閉」的印象。她開誠布公地向員工們明了公司的真實狀況，並宣布將十分之一的股權分配給他們。這樣，員工離職的現象就再也沒有發生過了。

接下來，伊黛需要積極籌措資金。經過多次碰壁後，她從銀行家詹森那裡獲得 50 萬美元貸款。有了資金，「少女公司」立即煥發生機，它的業務成長得比以前更快。

慢慢發展後，「少女公司」的產品從胸罩擴大到睡衣、泳裝、內衣等，產品暢銷 100 多個國家，成為一家世界知名的大公司。

伊黛作為一位傑出的女性，她對堅強的理解更為深刻，並以此來告誡她的子女：

> 當壞事已經降臨，悔恨、抱怨、痛苦，毫無意義。唯有從事情變壞的原因著手，設法修正它，以免事情變得更壞或同樣的壞事再次發生。這才是有建設性的做法。

俗話說：「人沒有被山絆倒的，只有被石頭絆倒的。」生活中的失敗，多數是因為一些細小環節出了問題，並非不可補救。也許只需改變某些做法，結果就會發生令人驚喜的變化。

瑪麗・凱曾經是一位優秀的推銷員，40 多歲的時候，她拿出全部積蓄，創辦了一家化妝品公司。化妝品生產出來後，她決定舉辦一個產品展銷會，銷售和宣傳自己的產品。她對這個展銷會充滿期待，事前也做了許多準備。

讓她大出意外的是，這一天，她總共只賣出一元五角錢的化妝品。毫無疑問，這是一個非常失敗的展銷會。她難過

第七章　命運要靠自己來逆轉

得無以復加，再也沒有心情在會場待下去了，驅車匆匆離去。剛轉過一個街角，便趴在方向盤上號啕大哭。

哭了一陣子後，她又想到一個問題：這次把養老金都放進去了，萬一血本無歸，以後怎麼辦？想到這裡，她心裡一陣恐慌。

過了許久，瑪麗・凱克制住恐懼情緒，不停地安慰自己：「也許事情並沒有那麼糟，也許還有改善的可能。」這樣，她的心情漸漸平靜下來，開始思索失敗的原因。她一項一項分析，忽然發現，原來她犯了一個非常低級的錯誤：她居然忘了向外散發訂貨單。怪不得沒有商家來訂貨。

找出了原因，就不會在同一塊石頭上絆倒。當她第二次舉辦展銷會時，各項準備工作都做得很好，也辦得很成功。從這件事上，瑪麗・凱學到了一個教訓：失敗後，不要自暴自棄；從尋找原因著手，也許事情尚有轉機。後來，瑪麗・凱公司的產品行銷世界各地，她本人也成了舉世公認的「化妝品女王」。

之所以會失敗的人，他們只看重成敗，卻不問原因。所以，他們經常一次又一次地在同一塊石頭上被絆倒。

任何一件事都是由許多要素構成，沒有哪件事能夠全部做對或全部做錯。所謂失敗，通常只是某些應該做好的事情沒有做好，並不是一無是處。只要認知到失敗的存在，找到

原因，搞清楚哪些事情沒有做好，下次加以改進，同樣的失敗就不會再發生了。如果確實是因能力不足所致，也要以比較平靜的心情接受失敗的結果，不要因懊惱而損害自己的心靈。

超越使生活餘味悠長

潮水洶湧澎湃，正是我們揚帆前進之時。所謂「中流擊水，浪遏飛舟」，說的不就是這種精神嗎？成功永遠屬於那些受過磨難後堅強站起來的人。所以，當生活中有風浪的時候，最需要的是我們內心的鎮定自若。

有時候，激勵是以重大的打擊形式出現的。一句外國諺語說：「不幸可以讓人們的夢想破滅，也可以讓人們破紀錄。」

不幸使一些人退縮、放棄，卻使另一些人更用心地思考、更努力地工作，它是一種激勵的力量，可以將堅強的人提升到更高的層次。任何人都不一定會失敗，除非他的意志已經失敗了。

亨利·福特說，何謂行，何謂不行，我們的知識都無從明確把握。這是他口述的真實的故事。

20 歲那年的艾特，初享生命的甘美與愉悅。艾特積極投入體育鍛鍊，擅長滑冰滑雪，還打高爾夫球、網球、羽毛

球、籃球和排球，他甚至還組建了一個競賽聯合會，並著手建立一家網球場建設公司，艾特還和世界上最美的女人訂了婚……艾特的未來充滿光明。然而，厄運卻在這時降臨了。

那是個美妙的聖誕夜。艾特離開加利福尼亞州，開車去猶他州。他要去那裡和未婚妻黛麗絲共度假期時光，離結婚之日僅剩 5 周的時間，他們也想借此機會談談婚禮的計畫安排。艾特開了 8 小時的車，感到有點力不從心，於是就讓朋友駕駛，他則到乘客座，繫上安全帶睡覺。這時，已經是深夜了。疲憊的朋友開了一個半小時後，竟然趴在方向盤上睡著了。於是，汽車撞到橋上，爬到了頂部，然後又從上面滾了下來。金屬扭曲的聲音、玻璃破裂的聲音使艾特驀然驚醒，瞬息間又恢復了平靜。再次睜開眼睛，世界已變得一片黑暗。恢復知覺時，艾特感到滿臉在流血和極端的痛苦。

車子停住時，艾特已不省人事，他從車裡被拋了出去，在光禿禿的地上摔壞了脖子，腿腳、腹肌、腰肌，手臂和手都不聽使喚，胸部以下也都癱瘓了。艾特被救護車送到內華達州拉斯維加斯一家醫院，診斷後，醫生宣布艾特已成為廢人。

這就成為艾特新生活的起點

因為艾特的身體狀況，他不能再工作了。慶幸的是艾特

還有 7% 的身體可以工作。醫生說他不能再開車了，餘生得完全依靠他人餵食、穿衣和行走。他們還說艾特最好再也不要提結婚的事了，因為……誰還會要艾特呢？他們斷定艾特再也無法參加任何種類的競技和體育活動了。艾特第一次感到無比驚懼，他不相信醫生們的話全部是真的。

躺在拉斯維加斯那家醫院的病床上，艾特自問：我的全部希望和夢想都去何處了？一切是否可以從頭開始？自己還能工作、結婚、生子，還能享受先前幸福快樂的生活嗎？

那一段日子艾特既擔心又害怕，世界一片黑暗。這時，母親來到艾特身邊，對他說：「艾特，當困苦降臨後，超越它們會更餘味悠長。」剎那間黑暗的病房被希望和熱誠的光芒所充滿：明天會好起來的。

距離聽到母親鼓勵的話 11 年後，艾特擁有一家公司，是一名專業評論員，還寫了一本書：《奇蹟如此發生》。艾特每年行程 20 萬英里，聽眾超過 10 萬人。艾特還入選 6 州區小企業管理機構的 1992 年度最佳青年企業家。1994 年，《成功》雜誌推選艾特為該年度最偉大的身殘志堅者。遭遇坎坷而夢幻成真，這一切緣何而來呢？

自從那天聽到母親的鼓勵，艾特感到身體在恢復。艾特克服了常人無法想像的痛苦，頑強地鍛鍊身體，手腳恢復知覺後他重新開始學習開車，一年後他能開車了，六年後他又

可以到想去的地方做想做的事情。艾特已經完全自理。

車禍一年半後，艾特仍和那個美麗動人的女孩結了婚。1992 年，艾特的妻子黛麗絲當選猶他州小姐，又被評為美國小姐季軍。艾特有一雙兒女，3 歲的女兒瑞娜和剛滿月的兒子亞瑟，他們給艾特夫妻的生活帶來無限歡樂。

艾特又開始了運動生涯。他學會了游泳、潛水。據艾特所知，他是第一個參加滑翔跳傘的四肢癱瘓者。艾特還學習滑雪，他相信這不會對他有任何傷害。艾特甚至參加 10 公里輪椅競賽和馬拉松。1993 年 7 月 10 日，艾特用了 7 天時間跑完了從猶他州的鹽湖城到聖喬治城之間 32 英里的路程。此舉在世界癱瘓病人中屬首次。這可能並不是艾特最輝煌的成就，但卻是最困難的一次經歷。

為什麼他能成就以上種種？因為多年來他一直銘記母親的話：當困苦降臨後，超越它們會更有餘味，並以實際行動來證實。而不是聽信周圍人等（包括醫學專家在內）的喪氣之辭。他深明的境遇並不意味著可以輕易放棄執著夢想。心頭也再次點燃希望之火。夢想永不曾被挫折擊碎，夢想植根於心靈。因為當困苦不期而至之時，超越它們會更有餘味。

因此，雖然身遭不幸，他的夢想卻永不曾為挫折擊碎，而是更牢固地植根於心靈和頭腦深處，並再次點燃希望之火，助他成就以上種種看似不可能的業績。

最富有的女人歐普拉

在 1999 年《財富》全美 50 位女強人排名中，歐普拉‧溫芙蕾（Oprah Gail Winfrey）名列第 26 名；2000 年，她躋身第 15 名；2006 年，她進入十強。現在，脫口秀主持人兼製作人的歐普拉身家超過 15 億美元。

儘管歐普拉從不以商人自居，但不可否認的是，她締造的商業帝國和她的脫口秀節目一樣燦爛。在白人主流圈「重男輕女」的美國電視界，歐普拉‧溫芙蕾是個異類。從一個棉田工人奮鬥成為美國王牌脫口秀節目主持人，並締造龐大傳媒帝國。這個體重超常、似乎與美麗無緣的中年黑人婦女，居然在多達 50 位的挑戰者中，遍及 107 個國家播出的歐普拉脫口秀連續 10 多年坐擁美國日間電視談話節目的頭號交椅。

有人說，歐普拉就是美國精神與創業成功的象徵，她的故事就是從身無分文到坐擁億萬的活生生寫照。她不僅是著名的電視節目主持人、娛樂界明星、商場女強人，也是慈善活動家，是「美國最便捷、最誠實的精神科醫生」，是美國的億萬富婆。歐普拉‧溫芙蕾出生於密西西比州，她不僅是美國、也是世界上最富有的女人之一，同時也是一個因工作出色及在慈善事業、教育和社會領域作出巨大貢獻而贏得無數獎項的女人，她是當今世界上最具影響力的婦女之一。歐普

拉在 1996 年推出的一個電視讀書會節目在美國掀起一股讀書熱潮；她利用業餘時間在大導演史蒂芬‧史匹柏的電影《紫色姐妹花》（*The Color Purple*）中客串一個角色，還榮獲了當年奧斯卡最佳女配角的提名。喜歡歐普拉的人甚至認為如果她去競選美國總統，獲勝的機率也很大。美國伊利諾大學更開設了一門課程專門研究歐普拉。

2001 年 6 月，北卡羅來納州首府羅利市著名的 BTI 表演藝術中心的大禮堂裡，2,300 多名觀眾席上人頭攢動，人們正在耐心地等待著本次節目的主角、她們心目中的「訪談皇后」歐普拉的出場。這是歐普拉題為「度過最完美的生命之旅」巡迴演講的第一站，儘管每張門票要花 185 美元，但 2,300 多張門票在短短兩小時內便告售罄。為了親自聽一回歐普拉激動人心的演講，一些「歐普拉迷」們甚至寧願在 e-buy 拍賣網站上花 2,025 美元，從網路上換得一張演講會的入場券。此次演講所得收入全部捐獻給當地的慈善機構。

在為時兩個半小時帶有傳奇色彩的幽默演講中，歐普拉向臺下的觀眾講述了自己的個人奮鬥史，當她面對貧窮、肥胖、事業挫折等問題時，是如何調整自己的心態，使自己變得更加堅強的。在談到事業問題時，歐普拉說：「生活往往有一種巨大的慣性，讓人們在現有工作面前安分守己，不思進取，此時我們應該問一問自己的內心，這是否是你想要的

工作，什麼工作才是最適合你的呢？然後聽從自己內心深處的呼喚。」

歐普拉以自己為例，自從她 1984 年在芝加哥當上電視節目訪談主持人後，她才「真正找到了工作的熱情和感覺」。歐普拉不時勸告她的崇拜者們，當繁重的工作不能為自己帶來豐厚的報酬時，就應該將它斷然放棄，改去追尋自己夢想的工作。每個人都應聽從「內心的呼喚」，只有一個相信自己的人才能成為生活和事業上的強者，「如果你相信自己有朝一日可以當上總統，也許有一天你就能如願。」

如果那是你要的人生，凡走過的，就不會是冤枉路。永遠無法回答或面對這個問題的人，就彷彿是水母，在無意識的一張一縮之間，過完了自己碌碌無為的一生。

第七章　命運要靠自己來逆轉

第八章　善於示弱的女人更強大

有人稱事業型的女人為女強人。其實水一般的女人再強，又怎強得過山一樣的男人？所謂強，是因女人不肯示弱。再強的女人也是女人，也有女人的特質——柔弱。有時候，她們的內心已經很脆弱，卻會撐到在人前的最後一秒鐘，然後找一個沒有人的地方釋放。

「柔弱勝剛強」堪稱老子哲學的經典思想之一，蘊含著極為深刻的智慧和妙用。老子在《道德經》中云：「天下莫柔弱於水，而攻堅強者莫之能勝，以其無以易之。弱之勝強，柔之勝剛。」可謂一語道破「天機」。又說：牙齒堅固，反而脫落，舌頭柔弱，反而保存。柔弱不是軟弱無力，柔弱是生命充滿活力的展現，是本質強大的展現，符合生的法則。

聰明的女人要懂得示弱，要給男人展示強大的機會。一個女人堅強如大山的時候，男人會感覺沒了用武之地，自然是敬而遠之。

適時示弱

颶風掃蕩過的原野一片狼藉，連高大偉岸的橡樹也被攔腰折斷。然而蘆葦卻堅強地活了過來，在微風中跳起輕快的舞蹈。颶風以橫掃一切的氣勢，將高大偉岸的橡樹折斷，卻沒有傷害到纖細如指、柔弱如柳的蘆葦，究竟是什麼原因？

原來，蘆葦在颶風來臨時，把自己的身子一再放低、放低……幾乎與地面平行，使颶風加在自己身上的力量減少到最低，因而得以保全自己。而橡樹，仗著自己有堅實的腰板，不肯放下自己的身段，最終免不了被颶風吹折。

適時示弱，是人生一項必修的課程。生活中向人示弱，我們可以小忍而不亂大謀；工作中向人示弱，我們可以收斂觸角並蓄勢待發。在強者面前示弱，可以保護自己；在弱者面前示弱，可以展示自己的胸襟。

懂得羞澀更美麗

古人云：「終是女兒嬌柔怯態，縱無人看時也低頭。」

一次，唐朝官宦在揚州選美，邀請靈心善感、明目善睞的大詩人崔鈺一同前往。

那日，美女如雲，匯聚一地，她們或豔麗如火，或清秀似荷，百花鬧春般地讓人眼花撩亂。在官家的指引下齊齊站

成一排，低著頭，人喚之抬頭，接受檢閱。崔鈺在一旁默不作聲，靜然觀察。但見其中一女子聽喚其名，不作猶豫揚頭直視，另一女子則靦腆嬌柔宛轉抬頭，還有一個女子，先不抬頭，再三喚之，她才慢慢抬起頭來，她的目光風情萬種，好像在看人又實非看人，等官家鑑定後，她又以眼光施以悱惻的一掃，才又低下頭去。崔鈺以他敏感的心性和深厚的學養，道出美人的真諦：這個女子羞澀、嫵媚，她那臉上泛起的紅暈，是含露的兩片花瓣，是一章優美的律詩，是女子特有的風韻媚態。可謂最美！

誰人可以抗拒，那猶抱琵琶半遮面，欲走還休，卻把青梅嗅的羞澀意境？羞澀，是再簡單不過的自然了；羞澀，也是最自然不過的美麗，這種美麗只有身心無比純潔的女人才會有。誰不喜歡那一回眸的羞澀與嬌柔？羞澀，不僅是女人面對男人時的微微臉紅，更不是面對世界時的忸怩造作。羞澀，是女人們表達自我的真純美麗，是女人們獨具特色的優秀氣質，是女人們靈魂深處的愛！

一個女人即便眉目口齒，般般入畫，但若失去了羞澀之美，就猶如花兒缺少香味，總讓人心存缺憾。「插柳不讓春知道」，人美而含羞，兩相映照，互發光輝，更增加了女性的迷離朦朧。這是一種含蓄的美，是一種使女人充滿無限韻味的美，更是一種不可或缺的美。

害羞是女人最美的時刻，那一抹羞態是女人吸引男人並增加情調的祕密武器，出現得適時而且恰如其分，便是一種誘人的嬌媚，是一種女性特有的美。如一派天真的臉上突然泛起紅暈的少女，恐怕沒有哪個男孩子不會動心。

　　那中式花棉襖襯托的純情笑容，那與陌生人相見時飛揚在雙頰上的紅暈，那面對鏡子塗抹雪花膏時雙眸閃動的亮光，還有高興快樂時那清脆但絕不猖狂的笑聲……都是女人羞澀美的完美展現。

　　在傳統的愛情影片中，總忘不了誇大這樣的鏡頭：梳著長辮子的大姑娘聽見長輩們議論自己的婚事，縱使她平日再多麼潑辣蠻橫，也會用手繞著辮子，扭動腰身，一抹紅暈迅速竄上臉龐；或是嬌羞地低下頭，或是緘默不語，或伴聲嬉笑加以掩飾。有的就乾脆捂臉轉身，揮著拳頭一路小跑離開。那模樣真是既嬌憨又可愛。一個男人看到滿面嬌羞的女人，就像看到一朵惹人憐愛的花，立刻被她的美搔得心裡癢癢，可是真去摘又捨不得，轉身要走又牽掛，只好呆呆地站在那裡守護，永遠也不肯離她而去了。

　　別小看女人羞澀的一笑，那裡面飽含了女人畢生的內在與外在的全部精神，這不經意的釋放所透露出的是無限的嫵媚與情懷！女人羞澀的樣子是最美的，因為它是女人特有的柔情，往往伴隨著甜蜜的驚慌、異常的心跳。別遺失了女人

那美麗的羞澀，那是女人最天然的本色、最動人的內涵、最
完美的語言、最能讓人折服的自信！

羞澀是人類最純真的感情現象，它是一種感到難為情、
不好意思的心理活動。在伊甸園中，亞當和夏娃，放在自己
身上遮羞的樹葉，也許就代表著人類最初的羞澀吧！

康德說：「羞怯是大自然的某種祕密，用來抑制放縱的欲
望；它順其自然的召喚，但永遠與善、德和諧一致。」同時它
閃耀著謙卑的光輝，是一種道德和審美的反射，促進兩性關
係日臻高尚、完美。「喚醒兩性關係中的精神因素，從而是
減弱了純粹的生理作用」，普拉克西特列斯的雕塑名著《克尼
德的阿弗羅狄忒》和《梅底奇的阿弗羅狄忒》，都是反映女性
羞澀美的。羞澀之色猶如披在女性身上的神祕輕紗，增加了
她們的迷離朦朧。這是一種含蓄的美，美的含蓄；是一種蘊
藉的柔情，柔情的蘊藉。

動人的表情，迷人的色彩，文雅的舉止，朦朧的神韻，
溫柔的蘊藉，啊，女人的羞澀竟具有如此大的神奇魅力和
功能！

鬧彆扭要拿捏分寸

很多女孩都希望自己生命中最美好的時光是與心愛的人
相親相愛甜甜蜜蜜地度過。可是一旦生活在一起，就會發

現，在現實生活中絕大多數事情都不是心中所憧憬的，雙方都會遇到來自生活、工作和課業上的壓力，彼此之間那些原本隱藏的好好的令人生惡的、醜陋的東西通通會冒出來，讓人心煩意亂，喘不過氣來。

「相愛容易、相處難」，古人的話真的不是沒有道理的，就算最相愛的情侶也難免碰上摩擦，雙方總是為瑣瑣碎碎、雞毛蒜皮的小事沒完沒了的爭執。雖然大部分爭執過後都能和平化解，但仍然有少部分爭執升級為戰爭。

摩擦控制好了可以促進雙方的愛情溫度，小小的吵鬧和小彆扭能帶來甜蜜的感覺，但是假如一旦控制不當，這種彆扭將會升級為大動干戈的爭吵，雙方間彌漫著劍拔弩張的架勢，那麼感情就難免會瀕臨危機了。

除非妳想分手，妳就可以理直氣壯和對方為芝麻綠豆大的小事爭個你死我活、是非曲直，否則妳得窮盡所有的辦法，讓對方清清楚楚知道妳是多麼的愛他，十分在意他的感受，希望這場戰爭越快結束越好。

切記不要冷戰，如果真的冷戰了，那也可以用這種比較好的方式解決：

「親愛的，戰爭該結束了。」用電腦製作的動畫或用紙條把妳對此事的看法一筆帶過，一定要重話輕說，然後用肉麻的話用力電他，把他電暈。俗話說伸手不打笑臉人。這樣兩

人就會很快和好如初啦！

對於爭吵就稍微麻煩一點點。

有這樣一個故事。

一對情侶吵架，吵得很凶，已經瀕臨無可挽留的地步了。他們想了一個很好的方式來結束彼此的關係：兩個人轉過身去，分別向前走一百步，當走到一百步的時候，同時回頭，如果我們可以看到對方，那麼就說明老天爺還不希望我們分開，那麼雙方就忘記剛才的不愉快，當做什麼都沒有發生過，睡一覺醒來，還是做最恩愛的情侶。如果，回頭沒有看見對方，那麼說明，老天爺也認為我們不適合繼續在一起，那麼長痛不如短痛，就從這一刻開始，忘記彼此吧！

結果她在走之前叫住男人，我們走完這最後的幾步，回頭，讓老天爺來決定我們之間的感情吧！聲音有些哽咽。她轉身的動作很遲緩，一步，兩步，三步……當男人走到九十幾步的時候，她打電話給他，「我們真的無可挽回了嗎？」

男人的心一軟，馬上奔回去抱住她：「怎麼了？別哭。」

女人迅速撲到男人的懷裡，放聲哭了起來。

這兩人便立即和好如初了。

這個故事很動人是嗎？情侶間是沒有公平可言的。如果非要公平爭吵的話，兩人必須為爭吵進行相等的準備，要知道，爭吵只有一方會贏。當妳自問：這真的值得我們爭吵？

若把結果考慮進去，90%的爭吵應可避免。如果爭吵是不可避免的話，時間應縮短，而且要中肯，謹記你們只為正在爭吵的事而爭吵，不要涉及其他方面。

有話好好說，直接正面地談，打破碗說碗、打破鍋說鍋，尋找解決辦法，千萬別翻舊帳，千萬不能咄咄逼人、冷嘲熱諷、得理不饒人、喋喋不休或糾纏不清。這樣只會把事情弄得更糟。

對於當時避開矛盾的情況，事後雙方一定要溝通，讓彼此達成共識，雙贏來自溝通。同時，就事論事，別碰缺點和舊傷，不要帶任何刺激性、攻擊性語言，只是「訴苦」，偶爾破格也行。切記這一招是妳最後最厲害的絕招，不到萬不得已千萬不要用，因為這只能用一次。

女性天生心思細膩。有時候會不由自主地焦慮起來，也許只是想跟對方聊一聊、談談心，或者只是想表達自己心裡的感受，但是又覺得對方好像事不關己的模樣，讓她們覺得自己好像被忽略了，因此理智也就很容易失控，就會鬧起彆扭來。可是，這都是因為太在意對方了。女人，不正是因為這些鬧彆扭才顯得可愛的嗎？

我們要記住：愛情並不只是代表浪漫，而是一個人為另一個人心甘情願地去做點點滴滴的事，哪怕是不開心的事。

面對生氣的男人，同樣在生氣的女人該怎樣控制局面，

巧妙應對，及時調整自己的心態，穩定對方情緒並用智慧熨平他起皺的心靈呢？如何掌握鬧彆扭的分寸，妳心裡有數了嗎？

聰明女人知道如何「哄」

很多時候，女人都把男人當做靠山，當做一輩子的支柱，當做可以依賴的港灣。在男人面前，她們肆意地宣洩著情感，她們哭，她們笑，她們鬧……她們總以為男人是堅強如盾的，男人的脆弱她們從來不屑，男人的嬌柔也常遭恥笑，但往往最剛強的人也會有最脆弱的一面。一樣是肉做的男人，也跟妳一樣，有著各種情感。他們也想笑，也想哭，也想找個臂膀靠靠。作為女人，妳是否明白這一點？

男人也是要哄的。男人的身體很疲憊，男人的心很累，男人渴望女人的撫慰。哄男人，會讓兩顆心更加相依，會讓男人更疼女人。

有個相聲中說丈夫就像一部車，妳不僅要會開，還要會修。其實，更重要的是要會保養。等車用壞了才想修，不見得能修好的。所以女人們平常要多給老公一些愛，讓他覺得妳是天底下最好的女人，他是運氣多好才能娶到妳這樣的女人。男人就像永遠也長不大的孩子，要哄，要寵。不要把他說得一無是處，他接受這種不良資訊後不僅會相當反感，還

有可能形成一種心理暗示。

　　大家都說靈子嫁了個好男人，卻不知道那個好男人也是哄出來的。結婚這麼多年，她很少對老公大聲嚷叫過，更別說罵人了！我們家向來只聽見老公的大嗓門。每次他發火的時候，靈子就表現特別乖，沒嚷兩句他只好停了，伸手不打笑臉呀！

　　她老公原本是夜貓子，到了午夜還總是不睡；而靈子一般 11 點半準時睡覺。可是老公總是不肯睡，靈子就柔聲細語地哄他：你沒躺在身邊，我都睡不著。不然你先陪我躺著，等我睡著了你再起床玩好不好？老公沒辦法，時間一長，靈子睡覺的時候，他也很自覺地睡了。老公有時應酬晚回家，靈子傳訊息給他：老公，你想回家了沒？我在等你呢！出差的時候，靈子也經常半夜傳訊息給他，告訴他靈子整夜睡不著，這樣他出差就經常急著回家了。別人老是以為老公偷養小情人，卻不知道那個情人就是我！

　　她還經常誇老公能幹。比方今天晚上，聊起安裝水電的事情，她說：「我爸什麼都沒學過，可他就是會安裝水電，老公，你就跟我老爸一樣能幹！」老公沒做聲，但靈子知道他喜滋滋的。她也經常睡前對老公說悄悄話：老公你如果遇到好的機會，一定會是最棒的那個。遇到你是我的福氣。聽了她的話，老公總是自信滿滿，對她也越來越好了。

　　身為女人，好好關心自己最深愛的男人，是最明智的選擇，即使妳有在上班或事業上小有成就，也別把果敢和威嚴帶回家，回到家裡妳只是溫柔的女人、慈愛的母親。如果妳本是家庭主婦，就依然要做好男人堅強的後盾，讓在外面辛勞一天的男人回到家，享受家的溫暖和愛的關懷。讓家成為他離不開的依靠。當他回到家時，不論他是略顯疲憊，還是精神抖擻。在他的內心一定期盼妳的關注和傾聽，一定希望妳用愛去抖落他的疲憊和風塵。妳輕輕的一聲「回來了」，他會悄悄地享受滿足，妳一句動情理解的話語，也許就是他一生幸福的維繫。

　　「哄」並不是欺騙，也不是順從，更不是失去自我，它是一種由心底發出對男人的無比憐愛，是減輕男人壓力的分擔，更是夫妻之間相敬如賓的摯愛。

　　好男人不是管出來的，而是哄出來的。他不會求妳給他多少物質，只求妳的關愛、妳的在意，是對他的支援和尊重，妳的「哄」，可以化解和稀釋他許多疲憊和憂傷。哪怕只是一句：「我愛你，累了吧」的溫馨問候，都能讓他在妳面前卸掉全部偽裝，讓他疲憊的心情放鬆……。

　　既然是夫妻，既然深愛對方，那麼，哄哄男人又何妨呢！很多事情，只要妳略施一下「哄」的手段，就能達到四兩撥千斤的效果。如果妳想盡享愛的甜蜜、持久與醉人的芬

芳，一定要讓男人品味出什麼叫歸心似箭，讓男人解讀出什麼叫魂牽夢縈，這樣他才會把愛毫無保留地都給妳。

男人在心愛的女人面前也只不過是個孩子。

但哄男人也要恰到好處，不同的男人有不同的哄法，而且要注意掌握一定的分寸，不能一次哄好，只能哄三分之二。如果妳能做到這一點，哪怕再威猛的馬，妳都能駕馭有術。

哄他，但不縱容他，為他織一張布滿柔情的網，在生活的點滴中體貼他，用柔柔的暱稱套牢他。

哄男人，是女人經營婚姻的一種手腕。特別是在不再奉行「永恆愛情」的今天，哄男人似乎更應該是女人在婚姻保衛戰中必須掌握的藝術。如何使男人一下班就想回家，望著其他女人而心無邪念，並真正地把「枕邊風」聽進去，這除了和男人心中的內因有關外，講究的還是一個「哄」字，哄不是欺騙，也不是順從，更不是失去自我，它是一種發自心裡對男人的無比憐愛，是幫男人壓力的分擔，更是男女之間相敬如賓的從容。

一哄值千金。也許只有那些嘗到甜頭的女人們，才會真正明白其中的奧祕。為了愛永存，為了幸福的滋潤，女人們，學一學「哄」的藝術吧！它會使妳的生活更愉快、更甜蜜，使妳更青春、更亮麗。

女人哭吧哭吧不是罪

相信大部分的男子都對「梨花帶淚」這個詞心動不已，就像《橘子紅了》裡的三太太，一邊說「六爺，我不是那個意思」，一邊晶瑩剔透的大眼睛撲簌簌淚雨紛紛，看得電視機前的男人們心疼得扼腕嘆息。眼淚是一種武器，美女使用的時候才最具殺傷力。

現代社會中，人們遭遇的挫折越來越多，很多時候不是努力了就有收穫。傷心落淚是情感上的宣洩和共鳴；是對自己在生活中遭遇的挫折、負面情緒的一種釋放。我們都不是無所不能的，所以不要奢望所有事情都能做到完美，這樣做事時，心態就會平和許多，也不容易被失敗打垮。而且，一次失敗並不代表所有失敗，遭遇挫折後，最好的方法是盡快從灰色情緒中走出來，讓失望與痛苦隨眼淚一起流走。

人類學家發現，在種類眾多的靈長類動物中，人類是唯一會哭泣流淚的成員。達爾文認為，哭泣時，眼睛周圍的微血管會充血，同時小肌肉為保護眼睛而收縮，於是導致淚腺分泌眼淚。對於人體來說，眼淚本身是沒有意義的「副產品」。

美國人類學家的觀點與達爾文截然相反。他認為，流眼淚對人體大有好處。這種益處影響了人類的進化，因而能透過自然選擇被人類一代一代地保存下來。人類會流淚是適者

生存的結果。

　　他舉例：眼淚中含有溶菌酶，這是人體的一種自衛物質，它能保護鼻咽黏膜不被細菌感染。觀察顯示，沒有眼淚的乾哭，很容易使鼻咽黏膜乾燥而受感染。越來越多的學者贊同這項觀點，相信流淚行為對人體具有益處。

　　晚上 7 至 10 點，與家人親朋相聚，或者在看電視時，是情感性流淚發生頻率最高的時間。佛萊用特製的小試管收集受試者的眼淚，對眼淚樣品進行分析測試。他發現，情感性流淚的淚水中含蛋白質較多，而反射性流淚的淚水中含蛋白質較少。在這些結構複雜的蛋白質中，根據測定結果，有一種可能是類似止痛劑的化學物質。根據這一結果，佛萊推測，流淚可能是一種排毒行為，能排除人體因感情壓力所造成和積累的生化毒素；這些毒素如果不透過流淚排出，留在體內，將對健康不利；情感性流淚排泄毒素，使流淚者恢復心理和生理上的平衡，因而對健康有益。

　　有研究表示，人在哭泣後，其情緒強度一般會降低40％。專家從眼淚中發現，其中有可以導致痛苦的有害化學物質，透過哭泣把它們排了出來，人就會輕鬆些。這便解釋了為什麼哭後的感覺會比哭前要好很多。研究發現，喜悅的淚水量大，味道很淡，而悲傷、憤怒的眼淚則水分不多，味道很鹹，原因在於受刺激的是交感神經還是副交感神經。因

此,悲傷時,流出淚水,有利於健康。科學家還發現:眼淚是一種要求別人來擁抱和安慰哭泣者的明顯信號。眼淚能刺激一種特殊的荷爾蒙分泌,這種荷爾蒙能使人產生一種被人撫摸和擁抱的願望。生活中,或許有千萬個理由值得我們哭泣。哭泣是人類的天然權利,人們用哭來遣散怒氣,排解憂愁。用「一醉解千愁」的方法麻醉自己,不如用「一哭解千愁」的方法來解脫自己。

流淚是人們與生俱來的簡單行為,無需學習,人人都會,就像心臟跳動、腎臟排泄一樣本能,像嘆氣、打噴嚏一樣自發。唐人唐衢每讀文章必哭,喝了酒也必定大哭。三國時,號稱「竹林七賢」之一的阮籍,每次出遊,遇到無路可走時,常常慟哭而返。

女人,用眼淚就能驚起波瀾。不用帶著微微的暖意,不需要像早春的陽光,便可以蕩漾到人們的心眼裡。

孟姜女顛沛流離,用眼淚把長城哭倒,誰不說她用情至深。那哭泣就如同海底的一尾魚,可以清澈地游走。

流淚的女人,不用說一句話,只要一滴淚珠,就會讓男人心動。只要一滴淚,不論美醜,不管是甘或鹹。總能讓人折服,讓人憐惜。縱然有的只是心底的小小漣漪。

拒絕虛榮

　　虛榮是人的普遍心理。女人雖柔弱，但在這天與地之間，我們仍然應如樹下青草一般悠悠地活著，過著屬於自己的生活。虛榮會讓我們無法站穩腳跟，甚至會破壞自己的情緒。有的女人，看到身邊的朋友工作比自己好，薪水比自己高，嫁的老公都比自己的有錢，心中便開始不快樂。

　　每個人都有自己該有的一切，無法對比，更無需攀比。凡事有果必有因，一個人得到的多必然有其原因，如果所有女人都一樣，我們是否要懷疑自己存在於機器世界呢？

　　很小的時候，當女人還是一個小女孩時，即使知道有些事是比不過男孩的，她的虛榮心也會促使她時時刻刻比男孩更努力，一定要做到最好，讓所有男孩對自己刮目相看，即使回家會受大人的罵，心裡仍是喜滋滋的，因為自己贏了。

　　再長大一點，女孩就不再和男生一樣在泥巴裡打滾了，她開始害怕蟑螂，害怕蜘蛛。眼淚幫了女生很大的忙，因為，在女生快要輸的時候，眼淚總是能引起男生的注意，滿足小女生的虛榮。

　　等到女生開始懂得男女有別的時候，她就不再輕易地在男生面前落淚了，少女的矜持在男生面前展現出來。她會把自己打扮得很漂亮，讓男孩遠遠地看著她，卻又不讓他接近，其實，心裡在呼喊，再靠近一點點，我就讓你牽手。女

生總不會輕易地主動出擊，一直在等待男孩的表白。

有了男孩的追求，再到有一個幸福的家，什麼都是要比較的。比車子、比房子、比鈔票、比孩子，什麼都得比，女人常常在比較中去尋找和滿足自己的虛榮。

家境清寒的 A 女孩剛剛步入社會，為了追求時髦，不惜借錢購買高檔衣服，還借錢買了項鍊、戒指來炫耀自己。相對其收入水準，不得不驚嘆其奢侈。周圍人羨慕地誇獎她有錢，她只說是爸爸媽媽幫她買的。有一天門口堵滿了要債的人，周圍的人才明白是怎麼一回事。從此，大家都躲著她，她也為此陷入了苦惱之中。

虛榮心是人類天性的一部分，它是人們為了維護自尊而產生的不良心理。每個人或多或少都有點虛榮心，但是，如果表現出來的虛榮心超過一定的範圍，那就是一種不正常的病態心理。

虛榮的人膽小，也不敢堅持自己；虛榮的人怕孤獨、不能承擔寂寞。跟虛榮的人在一起，你不敢相信他，不能信任他。

有多少錢辦多少事。有多少是多少？是什麼就是什麼。實話實說。

做什麼事，只要自己問心無愧、對得起人。人家表揚就禮貌表示感謝，批評如果正確，也感謝地接受，對謾罵和侮辱一笑了之，對所有人都微笑坦誠相待。

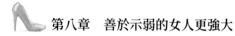

相信自己、充分自信，懷有對所有人的悲憫，看透物質世界鏡花水月的泡沫繁華，感謝自己內心真正的信仰，就永遠不會讓自己和他人遭受虛假的榮耀之苦。

第九章　好心態成就女人美好的一生

一個獨立的、智慧的女人，還不能給幸福打包票。妳還需要一個良好的心態與個性。要快樂、要開朗、要堅忍、要溫暖。要相信真情、美好、信任、尊嚴、堅強這些老掉牙的詞彙，不要頹廢、空虛、迷茫、放縱、糟踐自己。

幾乎每個人，在年少時都曾有過詩情畫意般的遐想。一些人收起了天光雲影裡的翅膀，落回紅塵，按部就班地過完一生；另一些人則一心飛向金星落處的天空。也許過了人生中的某一階段，詩意便會像自然法則一樣從我們的身上退去，取而代之的是柴米油鹽的庸俗和無趣……。

像一位作家所說：「也許每個人生命中都有兩份情懷。一份是凡俗生活裡的舉案齊眉，一份是夢一般的風花雪月。留在紅塵，再新鮮的情懷也叫日子醃成了鹹菜，可真的隨夢而去，又未免有點高處不勝寒。」

其實，如果你有一顆靈動的心，任何生活都能過成一首詩般美好。

態度決定心情

有人問樂觀者：「假如你正行走時，突然掉進一個泥坑，出來後你成了一個髒兮兮的泥人，你還會快樂嗎？」

「當然，我會高興地想，幸虧掉進的是一個泥坑，而不是無底洞。」

「假如你被人莫名其妙地打了一頓，你還會高興嗎？」

「當然，我會高興地想，幸虧我只是被打了一頓，而沒有被他們殺害。」

「假如你在拔牙時，醫生拔錯了你的好牙而留下蛀牙，你還會高興嗎？」

「當然，我會高興地想，幸虧他錯拔的只是一顆牙，而不是我的內臟。」

「假如你正在打瞌睡時，忽然來了一個人，在你面前用超難聽的嗓門唱歌，你還會高興嗎？」

「當然，我會高興地想，幸虧在這裡嚎叫著的，是一個人，而不是一匹狼。」

「假如你馬上就要失去生命，你還會高興嗎？」

「當然，我會高興地想，我終於高高興興的走完了人生之路，讓我隨著死神，高高興興地去參加另一個宴會吧！」

痛苦往往是不請自來，而快樂和幸福往往需要人們去發現、尋找。你對自己的態度，可以決定你的快樂與悲哀。只

要你希望自己快樂，你就能得到快樂。

找回失去的童心

　　時間在我們渴望長大中似乎過得很慢，而在我們長大後的回首中又太快。假如有人問人生何時最快樂，恐怕絕大多數人都會說童年。記憶深處的童年裡，捉迷藏、放風箏、跳房子、踢毽子、扔沙包、跳橡皮筋、扮家家、堆沙堡……五彩斑斕，絢爛奪目，充滿了歡笑和陽光，就像鄭智化在〈水手〉中唱的那樣：長大以後，為了理想而努力。我們的心中逐漸有了理想，有了誘惑，開始忙忙碌碌，心事也多了起來。

　　相比大人來說，兒童可說是最懂得享受人生的專家了。有一天，年輕的媽媽問 9 歲的女兒：「孩子，妳快樂嗎？」

　　「我很快樂，媽媽。」女兒回答。

　　「我看妳天天都很快樂。」

　　「對，我常常都是快樂的。」

　　「是什麼讓妳感覺那麼好呢？」媽媽追問。

　　「我也不知道為什麼，我只覺得很高興、很快樂。」

　　「一定是有什麼事物才讓妳高興的吧？」媽媽鍥而不捨。

　　「嗯……讓我想想……」。女兒想了一會兒，說：「我的朋友們使我幸福，我喜歡他們。學校使我幸福，我喜歡上

學，我喜歡我的老師。還有，我愛爺爺奶奶，我也愛爸爸和媽媽，因為爸爸媽媽在我生病時關心我，爸爸媽媽是愛我的，而且對我很親切。」

這便是一個 9 歲的小女孩幸福的原因。在她的回答裡，一切都已齊備了 —— 和她玩耍的朋友（這是她的夥伴們）、學校（這是她讀書的地方）、爺爺奶奶和父母（這是她以愛為中心的家庭生活圈）。這是具有極單純形態的幸福，而人們所謂的生活幸福亦莫不與這些因素息息相關。

有人曾問一群兒童「最幸福的是什麼」，結果男孩子的回答是：「自由飛翔的大雁，清澈的湖水，因船身前行而撥開來的水流，跑得飛快的列車，吊起重物的工程起重機，小狗的眼睛……」。而女孩的回答是：「倒映在河上的街燈，從樹葉間隙能夠看得到紅色的屋頂，煙囪中冉冉升起的煙，紅色的天鵝絨，從雲間透出光亮的月兒……」。

看，童心是如此純淨、如此容易得到滿足！我們也曾經那樣快樂與幸福，只是歲月砂輪的磨礪，使我們失去了天真爛漫的本性，失去了那份無邪的童心，或許這就是我們不快樂、不健康的重要原因。

我們還能夠找回失去的童心嗎？答案是肯定的。找回童心，也不是多麼複雜的事情。古人云「童子者，人之初也；童心者，心之初也。夫心之初豈可失也！」我們若能鄙塵棄

俗、息慮忘機、回歸本心，便就是找回了童真、童趣與童心。
這樣，我們就會形神合一，專氣致柔，純潔無邪，通達自
守，並且使我們內心與外在均無求而自足！

很累往往是自找的

你是否經常有「很累」的感覺？你是否想過究竟是什麼
讓我們如此勞累與疲憊？

如果僅僅只是勞累與疲憊還不算最糟糕，最糟糕的是：
我們甚至還對今後的日子產生恐懼甚至絕望。永遠像一個戰
士般衝殺，才不會落於人後，社會達爾文主義是現代人信奉
的原則，被無限放大到生活中。欲望的都市裡到處都充斥著
痛苦的靈魂，在許多昏暗的酒吧裡唱著空虛寂寞，唱得要死
要活；有人在放縱，有人在毀滅。生活越來越繁複，而心情
越來越煩悶；人與人走得越來越近，而心靈卻越來越遠；建
築物越來越高，人情味越來越薄；娛樂越來越多，快樂越來
越少……。

一個朋友最近花了將近 10 萬元買了一張按摩椅。在此之
前，她還買過一臺高科技的跑步機。不過，她告訴我：這些
東西，她一年裡難得用上幾回。

究竟是什麼使我們生活充實、內心豐盈？不是貴重的按
摩椅，不是高科技的跑步機，而是我們體會生活快樂的簡單

能力上。這種能力隨處可得，根本不用花錢。繁複紛亂的生活使人厭煩、疲憊，像荊棘一樣擠壓著心靈，使人不安、緊張、焦慮、倦怠甚至絕望，是很不符合心理衛生的。而簡樸的生活，減少了心靈的許多負累，使心靈更單純，內心有更多的空間。一位西方哲學家發出了這樣的警告：「沒有什麼科技的發展可以帶來永久的快樂。比科技發展重要的心靈拓展，總是被忽略。」

　　在生活變得越來越複雜，超出你的想像和理解的時候，是否懷念從前不名一文但依然快樂的時光？沒有電視機也沒有其他的便利，穿的衣服也好，傢俱也好，都是家人按照最古老、最樸素的方式製造，讓人好安心。在一個偏遠、寧靜的小村莊，那裡的人對於一朵鮮花的讚賞，比一件名貴的珠寶要多。一次夕陽下的散步，比參加一場盛大的晚宴更有價值。他們寧可在一棵歪斜老樹下打牌下棋，也不願去參加一場獎金豐厚的棋牌競技。他們重視的是簡單生活中的快樂，不會遠離陽光、新鮮空氣與笑聲……感謝簡單，他們因此而擁有幸福與快樂。

　　那些簡單生活的日子似乎一去不返了，但真的就沒有其他可能了嗎？

　　當人在物質上的要求減少時，精神上的收穫會增加。愛默生曾說：「快樂本身並非依財富而來，而是在於情緒的表現。」當我們騰出心靈的空間，從各個角度去體驗人生，當

我們開始了解到自以為必需的東西其實很多是可以不要的時候，就會發現：我們擁有現在的東西足以快樂了。

簡單生活，並不是消極、懶惰，也不是修道式的苦行僧生活，而是為了活得像一個人，活得輕鬆暢快、自由自在，活出親情、有人情味、更健康、更有意義的生活。

簡單生活是最容易過的，過複雜的生活、或者想過更複雜的生活，才真的很難。生活中沒有非接不可的電話，生命中沒有非要不可的東西。在世俗的社會裡，只有你自己的生活簡單了，你才會成為自己的主人。那些脖子上多了一條項鍊、衣服上多了一枚胸針、頭上多了一頂帽子的人，以及有著多餘表情、多餘語言、多餘朋友、多餘頭銜的人，深究一下，便會發現，他們都是在完美和榮譽的藉口下展現一種累贅，這種人可能終其一生都走不進自己人生的大門。另一些人用大量的時間，貼近自然、領悟內心，只讓生命之舟承載所必需的東西。這類人看似貧窮，然而這種與自然規律和諧一致的貧窮，誰說不是一種富有呢？

享受身邊的美好事物

幸福生活的最大祕訣，就是享受身邊的每一件東西。在你身邊，時時刻刻有著很多值得享受的事物。大多數人之所以忽略，是因為總是將視線投向遙遠的未來：等我有了房子

就好，我得努力；等真的有了房子，心裡又會想要一棟別
墅……內心焦灼，腳步匆匆，卻美其名曰「我在奮鬥」。

　　你追求更好的物質生活沒有錯，你有事業心也沒有錯，
但是別忘了這一切和你享受身邊的種種並不矛盾。年少時我
在鄉下，我喜歡在春天的雨夜聽細雨敲窗，在皎潔的月光中
聽取蛙聲一片……。後來長大了，來到了都市，還是可以在
陽臺上種滿花，幫它們翻土澆水剪枝，看它們是如何開花結
果的；或一家三口到郊外的河邊散步，放風箏……。

　　我們身處一個個五光十色、日新月異的社會。太多的資
訊要接受，太多的新知要學習，太多的俗務要應酬，太多的
事情要完成。如果終日奔跑爭先，就會將世人拖垮累死。來
點「難得糊塗」的超越，可以幫助人們釋放心理和社會的壓
力，保持一種心態平衡，坐看雲起花落，超然通達地面對人
生。特別是在今天這種高速度、快節奏、競爭激烈的社會，
如果不能有一點「難得糊塗」的超越，就再也感受不到生活
中的浪漫，無法體驗輕鬆和愉快，更不會有天真、詩意和情
趣了。

　　不要總是強調沒時間，也不要辛苦地去擠時間。生活是
需要妥協的。人人都有理想，但如果我們實實在在地看清楚
人生的狀況，我們就會懂得：理想沒有盡頭，當你實現了又
會有一個更高遠的理想出現在腦海。我們為了理想耗費了太

多的精力，因此而喪失了享受生活的能力。

　　據說，在墨西哥的山地民族中有一個規矩，在上山的途中，無論累不累，每走一段都要停下來休息。他們的理由是「走得太快，會丟了靈魂」。

　　——這是義大利導演安東尼奧尼在《雲上的日子》（又譯為《在雲端上的情與欲》）裡講述的故事。

　　走得太快，真的會丟失靈魂嗎？那些心懷大志的人，為了珍惜人生的光陰，習慣把每天的行程排得滿滿的，不停地奔波。即使再累，也得撐著。這種老黃牛似的精神被不少人推崇。但正如國畫需要留白一樣，你的人生也需要留白。有人曾說過，不懂休息的人是不懂工作的人。《菜根譚》裡有這樣一句話：憂勤是美德，太苦則無以適性怡情。大意是說，盡心盡力去做是一種很好的美德，但是過於辛苦地投入，就會失去愉快的心情和爽朗的精神。人若失去了愉快的心情和爽朗的精神，還有什麼生活的樂趣呢？

　　有時候，將人生的節奏放慢一點沒有什麼不好。因為太匆忙，我們無法享受做事的快樂。在這種匆匆忙忙的生活中，我們常常會感到生命與我們擦肩而過，而且也老是覺得，永遠都得不到我們在找的東西。我想，其實大家心裡都明白，這樣忙亂的生活，使得我們與真正快樂的希望漸行漸遠。事實上，生命中沒有任何時刻，比現在更有可能帶來快樂。

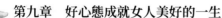

　　能不能將理想設定為「快樂與幸福」？如果我們為了理想和成功喪失了快樂與幸福，這樣的理想與成功又有什麼意義？

　　慢著點吧，珍惜你現在擁有的小小空間，珍惜你擁有的一切幸福。

　　慢著點吧，走在街上，自自然然，瀟瀟灑灑。你會發現，世上的人原來差不多。

　　慢著點吧，就像英國作家威廉‧亨利‧戴維斯（William Henry Davies）在詩中所寫的那樣——

> 這不叫什麼生活，
> 總是忙忙碌碌，
> 沒有停一停、看一看的時間。
> 沒有時間站在樹蔭下，
> 像小羊那樣盡情瞻望。
> 沒有時間看到，
> 在走過樹林時，
> 松鼠把殼果往草叢裡收藏。
> 沒有時間看到，
> 在大好陽光下，
> 流水像夜空般群星點點閃閃。
> 沒有時間注意到少女的流盼，
> 觀賞她雙足起舞蹁躚。
> 沒有時間等待她眉間的柔情，
> 展開成脣邊的微笑。

不攀比的人生最安詳

有時候，一個人的不快樂，常源自於「和別人攀比」而忘了自己所有的，一雙眼只盯著別人所擁有的一切，結果往往把自己陷入「矮」一截的難堪中自慚形穢。何苦呢？人與人之間，是沒有可比性的，因為，人與人的生命形態和現有條件都是不盡相同的 —— 你能拿一個蘋果和一件衣服進行比較嗎？所謂的比較，不過是浪費情感和時間來滿足某種心理需求罷了。

所謂「攀比」，不是指一般的比較，而是「攀」住別人比較，是拿自己的無與別人的有、自己的不足和別人的足相比。大型同學聚會中，女同學甲和女同學乙都各自為了面子，說自己的老公多麼會賺錢又對自己多麼的好。各自回家，甲會對自己的老公說：唉，乙長得那麼寒酸，怎麼命就那麼好，找到一個對她好得不得了的老公。乙回到家，對自己的老公說：甲上學時成績平平，看不出什麼能耐，居然找到一個黃金單身漢老公！

以上小故事是編者虛構的，但誰會懷疑其真實性？不久前，編者在報紙上看到一篇題為〈年輕白領「施暴」指數增高〉的文章，其中寫道：「過年期間的聚會，讓人們有了相互攀比的機會，一些人在聚會時發現不少朋友生活過得比自己輕鬆，錢比自己賺得多，職位比自己高，於是他們感到失

落、不平衡，甚至是憤怒，家庭自然成了他們發洩情緒、借題發揮的場所。」報導稱：「婦聯工作人員說，過年是家庭暴力的高峰期，今年的『問題人群』出現新變化——年輕白領人士增多」。你看，就一個過年聚會頻繁些，人就因攀比心理而抓狂了。俗話說：人比人，氣死人。現在倒好，還打「死」人了。

　　人與人之間總是存在差距的。一味攀比只會讓自己陷入無邊的痛苦中。有的人總是與周圍的人比，他買房住，我租房住。直到有天自己也買房了，又發現他的房子比自己的寬敞……。瞪大眼睛死盯著別人，拿自己的不足、少，去比別人的好、多，總是不希望別人比自己強，還總想著為什麼我就不能比他們地位高、收入多、住房大……這些人活著還真累，處心積慮地想要事事比別人的好，絞盡了腦汁，費盡了心機，又傷腦、又煩心，最終結果還是難以如意。

　　攀比其實就是殘害心靈的毒藥。一則人外有人，天外有天。一味地攀比，永遠沒有盡頭。比錢多，你能多過比爾蓋茲？就算你比過了他，還有比他有權勢的呢？你怎麼比？難道要成為無所不能的上帝？二則尺有所短，寸有所長。或許在你羨慕別人有錢的同時，還有人羨慕你的悠閒，羨慕你的家庭和睦呢！

　　看到比我們優秀的人，有人忍不住油然而生地嫉妒或羨

慕。生活在山坡上的石頭，羨慕山下繁華大道，便自己滾下去，結果受盡踐踏。飛蛾傾慕火焰美麗的「光環」，一頭栽進去，卻跌落在油燈的油盆裡。

知足常樂，不要這山望著那山高。

不抱怨的世界最寧靜

幾年前，某雜誌刊載過一篇文章，題目叫〈我奮鬥了十八年才和你一起喝咖啡〉，講的是農村孩子和都市孩子的奮鬥史差異，引起很多人的強烈共鳴。那個農村的孩子，奮鬥了 8 年，才有了物質基礎和外在心情，神情自若地和都市孩子坐在一起喝咖啡。是的，有的人生下來就擁有的東西也許是有人奮鬥一輩子也得不到的。

這個世界是不公平的。如果真的要求一種心理上的公平，那就是但求「比上不足比下有餘」。

「為什麼是我？」一位得知自己罹患癌症的病人對禪師哭訴，「我的事業才剛剛起步，孩子又還小，為什麼會在此時得這種病？」

歸一禪師說：「生命中似乎沒有任何人、任何時刻適合發生任何不幸，不是嗎？」

「但是，她還那麼年輕，而且人又那麼善良，怎麼會這樣？」一旁陪她來的朋友不平地說。

「雨落在好人身上，也落在壞人身上。」歸一禪師說，「有些好人甚至比壞人淋更多的雨。」

「為什麼？」「因為壞人偷走了好人的傘。」歸一禪師答道。

沒錯，人與人生來就是有差異的，即使是雙胞胎，也有不同的心智和大腦。因此，人生更是沒有公平可言。知道了上天的不公，就不要再花費時間和感情抱怨了。想一想，雖然比上不足，但是比下有餘啊！

心態改變妳的 25 歲

25 歲幾乎是女人的一個警戒線，過了 25 歲的女人，人人自危。就連普通餐廳招聘服務生都似乎在欺負 25 歲的女人一樣，要求的年齡範圍是 18 至 25 歲，這怎能不令人心生委屈和恐懼。常聽到有人說：「我都 25 歲了，怎麼辦？」其實，妳又何苦這麼為難自己，何不豪情萬丈地說：「我才 25 歲。」

某員工發現自己桌上有半杯水，他很苦惱，並不斷問自己：「為什麼只有半杯呢？」他終日寡歡，日漸消瘦，直到鬱鬱而終。另一位員工發現自己桌上有半杯水，但他很高興，並不斷提醒自己：「我還有半杯水，有總比沒有好，簡直太好了！」他終日快樂，越來越快樂，並因此而健康長壽。

換一種思維來思考人生，你會發現另一個自己，另一種人生。

有兩個信佛的年輕人在祈禱時，菸癮來了，其中一個問在場的住持，祈禱時可不可以抽菸，住持回答：這是對佛不敬。當然不行。

另一個年輕人也想抽菸，他問住持在抽菸時可不可以祈禱？住持回答：阿彌陀佛！難得你抽菸時還想到禮佛，當然可以。

同樣是抽菸加祈禱，但是因為兩個人著重的方面不同，得到的答案和評價也不同。

同樣是 25 歲，如果妳認為「我才 25 歲」，擺出一副年輕的架勢，好像時間都會讓妳三分，妳因此而更年輕，做出更多精彩的事情。相反的，如果妳認為「我都 25 歲了」，那麼妳的壓力和恐懼就是妳前進的動力，快速地做一些事情用來減緩 25 歲的逝去。

其實，年齡只是一種計時方法，對我們的人生來說，意義不大。我們的人生，應當以我們的期待和完成的目標來計時：做完這件事，我就成人了，而不是「18 歲，我就成人了」……。如此，我們沒有必要為了 25 歲而恐慌，沒有必要為了時間的流逝而感傷。如果時間一直不流逝，乘坐在時間帆船上的我們豈不是要一直止步不前了嗎？

30歲時更好的20歲

　　衰老似乎是女人的天敵吧！就連紅樓夢裡最出塵脫俗的妙玉，也會在櫳翠庵裡感慨：可嘆這青燈古殿人將老，辜負了紅粉朱樓春色闌。不僅僅是世間的女子，只要是有生命的，就會有不可避免的衰老。

　　面對衰老，每個人也都有了一種應對年華老去的方式：攝影師用鏡頭留住青春，從而減緩對年老的恐慌，音樂家用音符來記錄青春，唱出不老的旋律；作家把年輕的心埋藏在作品裡，留下不老的自我……。而我們去拍照、去聽音樂、去看書，把年輕的自己留在照片、聽過的音樂、看過的書裡，從而有了強大的年輕證據來應對不可抗拒的老。其實，最完美的方式，就是令自己不曾感覺到老。

　　佛光禪師門下弟子大智，出外參學二十年後歸來，正在法堂裡向佛光禪師述說此次在外參學的種種見聞，佛光禪師總以慰勉的笑容傾聽著，最後大智問道：「老師！這二十年來，您老人家一個人可好？」佛光禪師道：「很好！很好！講學、說法、著作、寫經，每天在法海裡悠遊，世上沒有比這種更欣悅的生活了，每天，我忙得好快樂。」

　　大智關心似的說道：「老師！應該多一點時間休息！」

　　夜深了，佛光禪師對大智說道：「你休息吧！有話我們以後慢慢談。」

　　清晨在睡夢中，大智隱隱聽到佛光禪師禪房傳出陣陣誦經的木魚聲，白天佛光禪師總不厭其煩地對一批批來禮佛的信眾開示，講說佛法，一回禪房不是批閱學僧心得報告，便是擬定信徒的教材，每天總有忙不完的事。

　　好不容易看到佛光禪師剛與信徒談話告一段落，大智爭取這一空檔，搶著問佛光禪師道：「老師！這 20 年來，您每天的生活仍然這麼忙碌，怎麼都不覺得您老了呢？」

　　佛光禪師道：「我沒有時間覺得老呀！」

　　老只是一種因時間流逝而衍生的慣性心理概念。如果跳出了這個慣性的概念，也就無所謂老了。佛光禪師心中沒有老的概念，便感覺不到老；更因為太忙碌，而沒有時間感覺到老。正如孔子說：「其為人也，發憤忘食，樂以忘憂，不知老之將至。」

　　曾有人問一位白髮蒼蒼的老翁：您高壽多少？他意味深長地答：4 歲。看到大家的不解，他又補充說到：「過去 70 年，都為自己，自私自利的生活，毫無意義，這 4 年來才懂得為社會大眾服務，覺得非常有意義，所以才說活了 4 歲。」眾生都普遍認為，歲數是由年數來決定的。其實，在我們種了一朵蓮花的內心深處，站在建設美好人生的角度上，年齡，則是由你所成就的事業來決定的。

忘不掉的可以放掉

雪天傍晚，一個女孩和閨蜜在街上散步，路邊的小店傳來酒醉歌聲：「有太多往事就別喝下太少酒精」。回過頭來對閨蜜說：「一直覺得林夕的這句歌詞寫得太深入人心了，有時候一個人靜坐著，往事就浩浩蕩蕩，排山倒海而來，往事是美好的，但是回憶的時候卻總是傷感的，選擇用酒精來麻醉也許不錯。」

閨蜜問：「為什麼不忘記呢？」雪花片片散落下來。

女孩想了想，說：「所謂的忘記，都只是騙人罷了。已經發生過的事情，不可改變的事實，怎麼能說忘就一筆勾銷呢？」

一朵雪花落在閨蜜溫熱的臉頰上，旋即消失了。閨蜜繼續問：「為什麼不放下呢？」

女孩無言以對。茫茫大雪覆蓋了身後的腳步。不自覺想起這樣一個故事：

有一個人，背著一個大包，壓得頭都抬不起來了也不願將包裹放下，一路上走得特別艱辛，更別說欣賞路上的風光了。

一禪大師恰好路過，看到了，就問他：「施主，敢問你身上所背何物啊？」旅行者說：「這包裡背的是我一路走來的辛酸、痛苦、創傷、磨難、眼淚……雖然它們很重，但正是因為

有了它們，我才能堅持到今天，我才能走到這。我得靠它們才能完成我的旅程。」一禪大師聽後，但笑不語。

走了一段路，一條河擋在他們前面，於是一禪大師和旅者一起撐了船才到對岸。上岸後，一禪大師對旅者說：「好了，現在請施主背起剛才的那條船，再上路完成你的旅程吧！」旅者聽了很疑惑，問：「為什麼呀？船是用來擺渡的，我們都過來了，為什麼我還要背著它走啊？這不是很傻的一種行為嗎？」一禪大師說：「你不是覺得這一路上走來的所有經歷都是支持你走下去的力量嗎？你不是要把它們都背在身上，才可以繼續前行嗎？剛才的船不是幫你過了河嗎？它也是幫你走下去很重要的工具啊，你怎麼能把它丟下？應該帶上的。」聽到這，旅者恍然大悟。放下背包，輕裝上陣了。

一直相信旅行者放下背包的時候並沒有忘記背包裡的一切，他只是將其放下。也只有放下，才能以更快的速度、更優雅的步調向前。而忘記，則是下下策，暫且不說「忘記」這個說法是不是騙人的。若真的忘了，那麼多小心翼翼艱辛度過的過去便不復存在了，我們也就等於喪失了美好的財富。

而放下，則是一種豁達的智慧：讓過去的所有都隨著時間的流逝在心的試管裡靜靜沉澱，然後將那些沉重傾倒出來放下，就放在走過的路上，也是對過去的一種交代和總結。

就這樣，我們只為自己留下昇華的美好。這樣的美好留在心間，足以溫暖一生。

忘不掉的可以放掉

電子書購買

國家圖書館出版品預行編目資料

妳只顧著外表，卻沒顧上用腦：迷人風度 × 絕
佳品味 × 完美價值，別再等灰姑娘的玻璃鞋，
只有自己才能套上那雙高跟鞋！ / 蔣甘樺，左
蘭 編著 . -- 第一版 . -- 臺北市：崧燁文化事業有
限公司 , 2022.11
　　面；　公分
POD 版
ISBN 978-626-332-834-1(平裝)
1.CST: 自我實現 2.CST: 生活指導 3.CST: 女性
177.2　　　111016624

妳只顧著外表，卻沒顧上用腦：迷人風度 × 絕佳品味 × 完美價值，別再等灰姑娘的玻璃鞋，只有自己才能套上那雙高跟鞋！

臉書

編　　著：蔣甘樺，左蘭
發 行 人：黃振庭
出 版 者：崧燁文化事業有限公司
發 行 者：崧燁文化事業有限公司
E - m a i l：sonbookservice@gmail.com
粉 絲 頁：https://www.facebook.com/sonbookss/
網　　址：https://sonbook.net/
地　　址：台北市中正區重慶南路一段六十一號八樓 815 室
Rm. 815, 8F., No.61, Sec. 1, Chongqing S. Rd., Zhongzheng Dist., Taipei City 100,
Taiwan
電　　話：(02) 2370-3310　　　傳　　真：(02) 2388-1990
印　　刷：京峯彩色印刷有限公司（京峰數位）
律師顧問：廣華律師事務所 張珮琦律師

定　　價：370 元
發行日期：2022 年 11 月第一版
◎本書以 POD 印製